겨레 전통 도감

살림살이

겨레 전통 도감 살림살이(보급판)

기획 · 토박이
글 · 윤혜신
그림 · 김근희, 이담

초판 편집 · 김미선, 이주연, 정아름, 최은영
교정 · 박근자
디자인 · 이안디자인

기획실 · 김소영, 김용란
디자인 · 이종희
제작 · 심준엽
영업마케팅 · 김현정, 심규완, 양병희
영업관리 · 안명선
새사업부 · 조서연
경영지원실 · 노명아, 신종호, 차수민
원색 분해와 출력, 인쇄 · (주)로얄프로세스
제본 · 과성제책

초판 1쇄 펴낸 날 · 2008년 12월 30일
보급판 1쇄 펴낸 날 · 2016년 4월 30일
보급판 3쇄 펴낸 날 · 2025년 1월 10일
펴낸이 · 유문숙
펴낸 곳 · (주)도서출판 보리
출판등록 · 1991년 8월 6일 제9-279호
주소 · (10881)경기도 파주시 직지길 492
전화 · 031-955-3535(영업) | 031-950-9542(편집)
전송 · 031-950-9501
홈페이지 · www.boribook.com
전자우편 · bori@boribook.com

토박이
주소 · (04050)서울시 마포구 양화로 156
LG팰리스빌딩 918호
전화 · 02-323-7125 | 전송 · 02-323-7126
전자우편 · tobagi3@empal.com

값 20,000원

ISBN 978-89-8428-922-2 74600
ISBN 978-89-8428-921-5 (세트) 74600
이 도서의 국립중앙도서관 출판예정도서목록(CIP)은 서지정보유통지원시스템 홈페이지(http://seoji.nl.go.kr)와 국가자료공동목록시스템(http://www.nl.go.kr/kolisnet)에서 이용하실 수 있습니다. (CIP제어번호 : CIP2016007915)

살림살이

겨레 전통 도감

기획 토박이 — 글 윤혜신 — 그림 김근희 · 이담

보리

차례

가을

겨울

밥집 아줌마가 들려주는 옛 살림살이 이야기

아줌마는 시골에 사는 주부야. 또 밥집 주방장이기도 하지. 서울에서 나고 자랐지만 외가가 시골이어서 어렸을 적에 시골에서 지낸 시간이 많아. 방학이면 늘 한두 달씩 외가에서 살았으니까. 그때 시골 살림하는 것을 직접 보고 경험한 것이 지금 요리하는 데 아주 큰 도움이 돼. 아줌마네 외할머니는 아주 바지런하신 분이셨어. 열 명이 넘는 식구들 살림을 도맡아 하시면서도 농사일과 집안일을 아주 깔끔하게 하셨지. 그 뿐인 줄 아니? 동네에 큰 잔치가 있으면 달려가서 잔칫상 차리는 일을 거들어 주셨어.

외할머니를 생각하면 들큼한 엿 고는 냄새가 가장 먼저 떠올라. 방학이 되면 곧바로 외가에 갔어. 터미널에 내려서 이삼십 분을 걸어가야 하는데, 동구 밖에서부터 들쩍지근한 냄새가 풍겨. 그 냄새를 맡으면 '아, 할머니 집에 왔구나!' 하고 느껴졌어. 할머니는 수건으로 머리를 싸고 부뚜막에 걸터앉아 커다란 나무 주걱으로 조청을 젓느라 부엌에서 얼굴만 빠끔 내미시며 "우리 강아지들 왔냐?" 하셨지. 아직 덜 고아서 묽은 조청에 따끈한 가래떡을 내오시고 땅콩이랑 들깨로 만든 강정도 목판에 담아 주셨어. 물론 시원한 식혜도 곁들여서. 그때 먹은 떡과 과자는 정말 구수하고 달콤해서 잊을 수 없는 맛이지.

아줌마는 날마다 손님들한테 밥을 해 주면서 할머니랑 참 많이 닮았다는 것을 느껴. 할머니는 그 많은 집안 식구들과 손님들을 대접하느라 부엌에서 나오시질 못했어. 밥때가 지나도 텃밭에서 채소를 가꾸거나 시장에 다녀오느라 늘 바쁘셨지. 한 번도 뜨뜻한 아랫목에 앉아 이야기를 나눈 적이 없어. 아줌마도 부엌에서 음식을 하다 보면 정작 손님들과는 이야기할 시간이 없지. 그렇지만 아줌마도 할머니도 똑같이 느끼는 것이 있어. 내 손으로 한 밥을 먹는 사람들 얼굴을 보고 소리만 들어도 언제나 흐뭇하고 즐겁다는 거야.

살림살이 가운데에는 지금 아줌마가 즐겨 쓰는 것도 있고 처음 보는 것도 있어. 이런 살림살이는 사람들이 더 쉽고 편하게 살림을 하려고 만들어 낸 거야. 저마다 쓰임새에 맞게 만들어 조금씩 고쳐 가면서 점점 더 쓸모 있게 만들었어. 정말 놀라운 일이지? 살림을 하는 데 이 많은 살림살이가 다 쓰이고, 또 쓰임에 딱 맞는 것이 있다는 게 말이야. 아줌마가 가장 좋아하는 말이 바로 이 '살림' 이라는 말이야. 말 그대로 살림은 우리가 먹고 자고 입는 데에 필요한 모든 것을 보살피는 일이지. 우리를 살리는 일, 살림. 사람들은 살림을 하면서 몸과 마음이 자라는 것 같아. 살림을 도와주는 것이 이렇게 많이 있다는 게 고마울 뿐이야. 이제 아줌마랑 이 살림살이 쓰임새를 알아 가자꾸나. 그리고 살림을 한다는 게 얼마나 소중한 일인지도 같이 알았으면 좋겠어.

봄

장독
소쿠리
체
가마솥
표주박
빗자루
이남박
조리
수저
주걱
밥통
주전자
칼과 도마
양푼
푼주
냄비
단지
초병과 초 단지
기름병
기름틀
자라병
다래끼
광주리
동고리
도시락
찬합
보자기

봄

봄소식을 가장 먼저 알리는 것은 무얼까? 바로 나무순이랑 논두렁 밭두렁에 돋아나는 풀이야. 아직도 날씨는 제법 쌀쌀한데 어떻게 봄이 오는 걸 알았는지 몰라. 꽃눈이 봉긋하게 부풀어 오르고, 새싹은 얼음이 녹아 부드러운 흙을 뚫고 살며시 고개를 내밀잖아. 죽은 것만 같던 나무에서 새순이 돋고, 마른 풀에서도 새잎이 나오고, 땅속에 잠들었던 씨앗이 싹을 틔우는 걸 보면 가슴이 벅차오르지. 이렇듯 봄은 만물이 다시 태어나 새롭게 시작하는 계절이야.

옛날부터 우리나라 사람들은 한 해를 스물 네 절기로 나누어 그것을 기준으로 농사를 짓고 살았어. 우리가 새로운 달이 시작되면 새로운 마음으로 계획을 세우잖아. 우리 조상들도 절기마다 새로운 마음으로 삶을 꾸려 나갔을 거야. 멋지지 않니? 한 해에 새로운 시작이 스물 네 번 있고, 바뀌는 절기에 따라 할 일이 있다는 것이 말이야.

절기는 해의 위치로 정하는데, 우리네 옛 살림이 이 절기를 따랐으니 절기는 조상들의 중요한 생활 계획표이자 시계인 셈이야.

입춘(立春)이 되면 먼저 집안 어른이 '입춘대길(立春大吉)' 이라는 방을 써서 대문과 문설주, 천장에 붙여. 한 해 동안 식구들이 모두 건강하고, 하는 일이 잘되길 바라는 뜻에서야. 입춘에는 갓 나온 햇나물을 뜯어다가 나물을 무쳐 먹었어. 겨우내 먹던 묵은 김치와 말린 나물을 물리고 새로 뜯어 먹는 산뜻한 봄나물은 생명의 기운이 가득한 음식이지. 새로 난 채소들로 죽순 찜과 달래장, 탕평채와 갓김치를 해 먹으면 겨우내 모자랐던 영양분을 마음껏 보충할 수 있었어.

우수(雨水)가 다가오면 집집마다 장을 담갔어. 이 장은 몇 해를 두고 먹을 귀한 양식이라 여인들은 때맞추어 장 담글 준비를 했지. 겨우내 띄운 메주를 깨끗이 씻어 바람이 잘 통하는 곳에서 바짝 말려. 장 담글 독에는 물을 가득 부어 소금기와 냄새를 없애

고 짚이나 한지를 넣고 태워서 소독을 해. 해를 묵혀서 간수를 뺀 보슬보슬한 소금은 장 담그기 하루 전날 맑은 물에 잘 풀어 두지. 이렇게 하면 소금에 섞인 더러운 물질이 가라앉아서 깨끗한 소금물을 뜰 수 있거든. 장 담그는 사람은 몸과 마음을 깨끗이 해야 해. 그리고 깨끗한 소금물과 메주, 마른 고추, 불을 피운 참숯을 장독에 넣는 거야. 그대로 뚜껑을 덮어 두고 두 달 동안 발효 시킨 다음 장 가르기를 해. 어느새 잘 우러난 간장은

체에 밭쳐 따로 두고, 남은 메줏덩이를 고루 치대면 된장이 되는 거지. 치댄 된장은 항아리에 넣고 햇볕과 바람을 번갈아 쐬어 주어야 가을 무렵에 알맞게 익어.

장을 담그고 나면 봄맞이 대청소를 시작해. 겨우내 쌓인 먼지를 탈탈 털어 내고 추위 때문에 겹겹이 쌓아 놓았던 살림살이들을 깨끗이 씻고 말리고 정리하는 거야. 우선 꼭꼭 닫아 두었던 방문과 창문, 농문을 활짝 열어 먼지를 털고 쓸고 닦지. 이불이나 옷은 바깥에 널고 바람을 쐬어서 퀴퀴한 냄새를 없애고 보송보송하게 말려. 부엌도 마찬가지야. 찬장에 있는 그릇들을 꺼내서 팔팔 끓는 물에 삶기도 하고, 찬장과 살강을 구석

구석 닦기도 해. 집집마다 마당에는 겨우내 먹었던 김장 김칫독과 짠지 독을 부시느라 독을 늘어놓고 물을 가득 부어 놓았어.

경칩(驚蟄)에는 겨울잠 자던 개구리가 깬다지. 겨울잠을 자던 벌레와 동물들이 기지개를 켜고 강남 갔던 제비가 돌아와. 경칩 날에는 보리 싹을 뽑아서 그 뿌리로 한 해 농사를 가늠하는 점을 쳤어. 그리고 흙일을 시작하는데, 경칩에 흙일을 하면 탈이 없다고 믿었대. 돌담을 다시 쌓거나 금이 간 벽에 흙을 바르고 집을 손보았어.

춘분(春分)은 낮과 밤의 길이가 같은 절기야. 춘분이 지나면 낮이 더 길어지고 밖에서 지내는 시간도 점점 늘어나. 소똥이나 돼지 똥, 닭똥, 음식물 쓰레기 들을 잘 썩혀서 거름을 내고 논밭에 퇴비도 뿌려 주지. 그래야 농작물이 튼튼하게 자라고 수확도 좋아. 이맘때면 꽃샘추위가 닥쳐와서 한창 봉긋해진 꽃눈이 추위에 떨기도 해. 바람 신이 어여쁜 꽃을 질투해서 동짓달처럼 날카롭고 세찬 바람을 불게 한다는 거야. 그래서 '2월 바람에 김칫독 깨진다', '꽃샘에 설늙은이 얼어 죽는다'는 말이 생겼지. 이때까지는 음력 2월이거든.

청명(淸明)이 되면 그 춥던 날씨도 많이 풀려서 농사를 시작하지. 논밭에 가래질을 하고 겨우내 못 가 본 조상님 무덤을 돌보고 산에 나무랑 꽃도 심지.

곡우(穀雨)에는 봄비가 자주 내려. 곡우에 가물면 가뭄이 든다는 말도 있지. 못자리 만들 볍씨를 물에 담그고 나면 본격적인 논농사 준비 시작이야. 곡우는 한 해 가운데 나무에 물이 가장 많은 때라 이름난 산에 가서 나무즙을 받아 마시면 약이 된다고 해. 또 곡우에 잡힌 조기는 살이 많고 맛도 가장 좋다고 해서 조깃국을 끓여 먹었대. 복어, 도미, 조개도 가장 맛있을 때야. 절기 음식으로 증편, 개피떡, 화전, 어채, 어만두를 해 먹었지.

봄이 오면 여인들은 바구니를 끼고 들로 산으로 산나물을 캐러 다녔어. 달래, 냉이, 쑥, 돌나물, 유채, 부추, 민들레, 쑥, 미나리, 씀바귀, 두릅 순, 음 순, 옻 순, 죽순, 고사리,

취, 더덕 들을 뜯거나 캐서 신선한 봄나물로 밥상을 차리는 거야. 조개를 넣은 냉잇국에 얼음 풀린 냇가에서 캔 미나리를 초무침 하고, 산에서 뜯은 취나물과 달래전으로 차린 봄 밥상은 그야말로 잔칫상이지. 부지런한 여인들은 산나물을 많이 뜯어다가 삶아서 말려 놓기도 했어. 그러면 겨울까지 맛있게 먹을 수 있거든.

날이 점점 따뜻해지면 모종해 둔 채소를 밭에 옮겨 심고 감자나 고구마도 심기 시작해. 가을이 오기 전까지 먹을 상추, 오이, 고추, 가지, 파, 옥수수, 참외, 수박, 호박은 물론이고, 콩이며 팥, 깨도 심지. 집집마다 있는 텃밭은 작은 시장 같아. 없는 것 빼고는 다 있으니까 말이야. 이쯤 되면 닭이 알을 품어 병아리가 깨지. 뒤뜰 한쪽에 병아리 집을 짓고 개나 고양이 같은 집짐승도 길렀어.

화전놀이는 봄에 하는 여인들 놀이야. 산과 들에 개나리, 진달래가 흐드러지게 피고, 집 안 울타리에는 복숭아꽃과 살구꽃이 피고, 목련이 하룻밤 사이 활짝 피었다가 뚝뚝 떨어지면 여인네들은 들이나 산으로 봄 소풍을 나가 진달래 꽃잎을 따서 화전을 부쳐 먹었어. 찹쌀을 뜨거운 물에 반죽하고 번철에 기름을 두른 다음 찹쌀 반죽을 동글납작하게 지지고 진달래 꽃잎으로 꾸며. 다 익은 화전은 달콤한 꿀물에 찍어 먹었어. 화전은 맛도 맛이지만 '꽃지짐' 이라는 말뜻처럼 모양이 꽃같이 아름다워. 둘러 앉아 꽃처럼 아름다운 화전을 먹으면서 봄 풍경을 즐겼어. 즐거운 마음을 담아 시를 짓고 이런저런 얘기도 나누었지. 고추보다도 더 맵다는 시집살이나 남편과 자식 때문에 힘든 일들을 풀어 놓으면서 답답한 마음을 달랬다고 해. 바깥나들이가 쉽지 않았던 옛날 여인들도 이 날만큼은 동무들과 실컷 웃으면서 이야기를 나누고 걱정거리를 날려 보냈지.

첫 단추를 잘 꿰어야 한다는 말이 있듯이 새봄에도 할 일을 부지런히 준비하고 정성을 들여야 한 해 농사며 살림을 잘 해낼 수 있어. 조상들은 우리네 옛 살림이 사람 힘으로만 되는 것이라고는 보지 않았어. 세상 모든 일들이 하늘과 땅과 사람의 조화라고 생각해서 늘 자연을 벗 삼고 공경하는 태도가 몸에 배어 있었지. 봄이 오면 그 따스함에 고

마워하고 반기는 마음으로 잔치를 벌였고, 부드러운 봄바람, 따뜻한 햇볕, 단비를 내리는 하늘에 진심으로 고마워했어. 산과 들에 가득한 풀을 뜯고 나무에서 물을 받을 때는 땅에 절을 했지. 아무리 작고 보잘것없는 것이라도 이웃과 나누어 먹으면서 사람들은 봄의 충만한 생명력을 즐겼던 거야.

장 담그기

장 달이기

장독

옛말에 장맛을 보면 그 집 주인 음식 솜씨를 알 수 있다고 하지. 장을 담아 두는 장독을 얼마나 잘 갈무리하는지 보고 안주인 살림 솜씨를 가늠하기도 했대.

장독에는 별별 음식을 다 담아 두었어. 쌀부터 시작해서 간장, 된장, 고추장은 물론이고, 물, 술, 꿀, 김치, 마른 생선, 미역, 과일, 곡식까지 뭐든 담아 두는 보관 창고지. 장독은 흙을 빚어서 만드는데 바닥이 좁고 배가 통통해. 아가리가 넓어서 장을 담고 퍼내기에 좋지. 밋밋한 장독 겉에는 칼로 무늬를 새겨서 꾸미기도 했어. 장독에 비나 먼지가 들어가는 것을 막으려면 꼭 장독 뚜껑을 덮어야 해. 장독 뚜껑은 엎어 놓은 소래기처럼 생겼는데 굽이 있고 꼭지가 달려 있어. 양옆에는 둥근 고리나 손잡이를 달아서 여닫기 쉽게 만들었지. 작은 뚜껑은 손잡이를 달지 않고 매끈하게 만들기도 해. 옹기 대신 짚이나 나무로 만든 뚜껑도 있어. 쌀이나 잡곡을 담은 장독에는 짚 뚜껑을 덮어 바람이 잘 통하게 하고, 아주 큰 독이나 자주 쓰는 물독에는 가벼운 나무 뚜껑을 덮어.

장독대에는 크고 작은 장독이 줄을 맞춰 서 있어. 해묵은 장이 담긴 큰 장독은 터줏대감처럼 뒤쪽에 버티고 있고, 햇고추장이나 장아찌가 담긴 작은 독은 앞줄에 오종종하게 앉아 있지. 볕이 좋은 날에는 장에 곰팡이가 피지 않게 장독 뚜껑을 열어 놓았는데, 어쩌다 소낙비라도 오면 밭에서 일하던 아낙네는 냅다 장독대로 뛰어갔어. 마치 뜀박질 겨루기라도 하듯이 말이야. 그만큼 장독은 안주인한테 중요한 살림이었어.

독에 있는 아주 작은 구멍은 숨 쉬는 구실을 한대. 공기에 섞인 좋은 균이 장독 안으로 들어와서 음식이 발효되게 도와주는 거야. 술이나 장, 김치도 이 독 안에서 맛있게 익잖아. 발효하는 것이 많은 우리나라 음식에는 장독이 가장 잘 어울려. 그러고 보면 우리 조상들이 꾸려 온 살림살이는 참 지혜로웠지.

소쿠리

대나무 껍질로 엮은 둥근 그릇을 소쿠리라고 해. 밑이 판판한 광주리와는 달리 소쿠리는 밑이 둥글고 테가 있지. 참대 겉껍질을 벗겨서 가늘고 얇게 쪼갠 다음 옷감을 짜듯이 씨줄과 날줄을 서로 번갈아 짜는 거야. 그리고 끝에는 얇은 대 조각을 대고 몸통을 짠 것과 같이 둥글게 결어서 마무리해.

푸르스름한 겉대로 만든 소쿠리는 물기도 잘 안 먹고 질긴데, 속대로 만든 것은 물기를 잘 빨아들이고 약해. 그래서 겉대로 만든 소쿠리를 으뜸으로 치지.

소쿠리는 먹을거리를 씻어 물기를 빼는 데에 흔히 썼어. 짜임이 촘촘해서 씻은 쌀을 담아 두기도 하고 장 담글 때 소금물을 거르는 데에도 썼지. 음식을 만들 재료를 담거나 먹을거리를 담아 두는데, 소쿠리에 밥을 담고 보자기로 덮어 놓으면 바람이 잘 통해서 한여름에도 잘 쉬지 않아.

아줌마가 어릴 적에는 집에서 직접 떡을 만들었어. 먼저 쌀을 깨끗이 씻어서 오랫동안 물에 담가 둬야 해. 이 쌀을 떡쌀이라고 하는데, 물을 자주 갈아 줘야 맛있는 떡이 되지. 그런 다음에 떡쌀을 소쿠리에 담아 물기를 빼고 방앗간에 가서 빻아 오는 거야. 할머니가 쌀이 담긴 소쿠리를 이고 방앗간에 가시면 아줌마는 할머니 치맛자락을 잡고 따라다녔지. 방앗간에는 동네 아주머니들이 소쿠리마다 담아 온 곡식이며 마른고추가 가득했어. 미숫가루를 만들려고 볶은 곡식을 가져오는 사람도 있어. 미숫가루를 빻을 때에는 온 방앗간에 고소한 냄새가 퍼지고 저절로 코가 벌름거려. 매운 고추를 빻을 때에는 방앗간 여기저기에서 재채기 소리가 들리고 말이야. 소쿠리에 가득 담긴 것이 차례차례 고운 가루가 되어 나오는 모습은 보고 또 봐도 지루한 줄 몰랐어.

체

체는 가루를 치거나 액체를 거르는 데 쓰는 살림살이야. 둥근 나무 테에 거름망을 쳐서 가루나 액체를 망 사이로 떨어지게 하는 거지. 그러면 돌, 흙, 뉘 같은 쓸모없는 건더기를 걸러 내고 고운 가루나 맑은 액체를 얻을 수 있어. 부엌이나 광 벽에 채반과 함께 나란히 걸어 두고 썼지. 체는 구멍 크기에 따라 어레미, 도드미, 중거리, 가루체, 고운체 들로 나누기도 해. 구멍이 큰 체로는 떡가루나 고물을 내리고 구멍이 작은 체로는 좁쌀이나 쌀의 뉘를 고르지. 고운체는 간장이나 술 같은 것을 거를 때에 많이 써. 아줌마가 어렸을 때만 해도 집집마다 두세 개씩 두고 쓰임새에 맞게 골라 썼어.

체는 쳇바퀴, 아들바퀴, 쳇불로 이루어져 있어. 쳇바퀴는 체의 몸인데 소나무를 얇게 켜서 일정한 두께로 고른 다음에 물에 불렸다가 둥그렇게 모양을 잡아 만들지. 그리고 칡덩굴 줄기나 삼 껍질, 철사 같은 것으로 매어 움직이지 않게 해. 아들바퀴도 얇게 켠 나무로 만드는데, 쳇바퀴 안쪽에서 쳇불을 잡아 주는 거야. 쳇불은 망을 이르는데, 굵은체는 대오리나 나무껍질로 만들고, 고운체는 말 꼬리털, 가는 철사, 비단, 삼베 들로 만들지.

체에 얽힌 재미있는 이야기 하나 해 줄게. 섣달 그믐날에는 앙괭이라는 귀신이 집집마다 돌아다니면서 사람들 신발을 신어 본대. 그러다가 제 발에 딱 맞는 신발이 있으면 그대로 신고 가는 거야. 신발을 잃어버린 사람은 이듬해 내내 운수가 나쁘고, 아이들은 병이 나거나 죽는다고들 했어. 그런데 이 앙괭이는 숫자 세는 것을 좋아한다지 뭐야. 그래서 집 앞에 체를 걸어 두면 앙괭이가 신발을 가지러 왔다가 그걸 보고는 체 구멍을 세어 본대. 그런데 체에 구멍이 좀 많아야지. 밤이 새도록 구멍을 세다가 그만 날이 밝아 신발 없이 돌아갈 수밖에.

가마솥과 곱돌솥

가마솥의 누룽지 / 박박 긁어서 / 할머니도 한 그릇 / 언니도 한 그릇 / 동생도 한 그릇 / 나도 한 그릇.

우리가 즐겨 부르는 노래에도 나오는 가마솥은 한옥 부엌에 있는 커다란 솥을 말해. 부뚜막에 걸어 두고 아궁이에 불을 때서 밥을 짓기도 하고 메주를 쑤고 간장을 달이는 데에도 꼭 필요하지. 크기에 따라 두멍솥, 가마솥, 중솥, 옹솥이라고도 하는데, 거푸집에 무쇳물을 부어 만들고 솥뚜껑에는 손으로 잡을 수 있게 꼭지를 달아.

곱돌솥은 이름 그대로 돌로 만든 솥이야. 반질반질한 곱돌을 둥근 냄비 꼴로 깎아 만드는데, 크기가 작아서 한두 사람분 밥을 지을 때 써. 돌로 만들어서 열이 천천히 오르지만 따뜻한 기운이 오래가서 밥 뜸이 고르게 들고 잘 타지 않아. 마지막 한 숟갈까지도 따뜻하게 먹을 수 있어서 밥집에서도 많이 쓰는 그릇이야.

가마솥은 두드려서 항아리처럼 맑은 소리가 나는 것이 좋아. 탁한 소리가 나는 것은 쇠가 나쁘거나 상한 데가 있다는 증거거든. 처음 산 가마솥을 잘 길들이는 법을 알려줄게. 먼저 솥을 깨끗이 닦은 다음 뭉근한 불에 돼지기름을 녹여서 그 기름으로 솥과 뚜껑 안팎을 고루 닦는 거야. 그리고 불에 닿는 솥 밑바닥에는 검댕을 발라 수건으로 잘 닦아 주는 거지. 이렇게 하면 솥이 녹슬지 않아서 오래 쓸 수 있어. 새 곱돌솥은 볏짚을 땐 불에 구워서 습한 곳에 두고 식히는 일을 서너 차례 해 주어야 해. 그래야 돌이 단단해져서 깨지지 않고 오래 쓸 수 있거든.

가마솥이나 곱돌솥에 밥을 지으면 바닥에 누룽지가 눋는데, 그 누룽지에 물을 부어 끓이면 숭늉이 돼. 세상에서 가장 신선한 차가 있다면 바로 갓 끓인 숭늉일 거야. 끓인 지 하루는커녕 한 시간만 지나도 밥알이 퉁퉁 불어서 물이 줄고 맛이 없어지니까 말이야.

가마솥

곱돌솥 음식 가운데 밥맛을 가장 중요하게 여기는 우리나라 사람들은 곱돌솥에 지은 밥을 좋아해. 그래서 집안 어른이나 귀한 손님한테는 곱돌솥에 밥을 해 드리지.

표주박

호리병박이나 작은 박으로 만든 바가지를 표주박이라고 해. 크기가 여느 바가지보다 작아서 흔히 물을 마시는 데 썼어. 호리병박으로 만든 표주박은 허리가 잘록하게 들어가서 손잡이처럼 잡기 좋지. 그래서 술독에 띄워 놓고 술을 퍼내는 데 쓰기도 했고, 간장독에 띄워 놓고 간장을 떠낼 때 쓰기도 했어. 간장독에 띄워 놓는 표주박은 장조랑 바가지라는 이름이 따로 있어.

표주박에는 여러 가지 뜻이 담겨 있지. 옛날에는 딸이 커서 시집갈 때가 되면 호리병박을 심는 풍습이 있었어. 호리병박 안에 꽉 찬 씨처럼 혼인해서 자손을 많이 두고 건강하게 잘 살라는 뜻이래. 혼례식에서는 호리병박 하나를 갈라 만든 표주박에 술을 따라서 신랑과 신부가 나눠 마셨어. 혼례를 치른 다음에 표주박 두 개를 다시 합해서 신방 천장에 매달아 놓았지. 그러면 오랫동안 변함없이 사랑하면서 살 수 있대. 그리고 또 다른 표주박을 반으로 갈라 한쪽에는 목화를 담고 다른 쪽에는 찹쌀을 담아 시집가는 신부 가마에 넣어 보내기도 했어. 목화는 화목하게 살라는 뜻으로 넣어 주고, 찹쌀은 부자가 되라는 뜻으로 넣어 주는 거래. 또 표주박에는 귀신을 쫓는 뜻도 담겨 있어. 우리나라 민속 신앙에 보면 천연두를 옮기는 귀신인 두창신이 표주박을 보고는 도망간다는 이야기가 있어. 옛날 사람들은 표주박 속에 잡귀를 잡아넣을 수 있다고 믿었대.

아줌마가 얼마 전에 약수터에 갔다가 표주박에 끈을 달아서 동동 띄워 놓은 것을 봤어. 산을 오르다 목이 마르면 표주박으로 물을 떠서 마른 목을 축이라고 누군가가 만들어 놓았나 봐. 오랜만에 본 표주박이 반갑기도 했고, 표주박을 띄워 놓은 사람한테도 고마운 마음이 들었지.

봄맞이 대청소

부엌 살림

빗자루

빗자루는 먼지나 쓰레기를 쓸어 모으는 청소 도구야. 수수, 갈대, 댑싸리, 대나무 같은 것을 묶어 만들지. 옛날에는 집집마다 마당 한쪽에 쉽싸리나 댑싸리를 길러서 직접 만들었어. 부드러운 어린 줄기로는 방바닥을 쓰는 방비를 만들고, 다 자라서 거칠고 뻣뻣해진 줄기로는 마당비나 거친 막비를 만들었지.

빗자루를 어떻게 만드는지 아니? 먼저 갈대와 수수 줄기를 소금물에 삶는데, 이렇게 하면 줄기가 질겨져. 그런 다음에 그늘에 말려서 납작한 칼로 줄기에 묻은 나락이나 꽃가루 들을 깨끗이 긁어내. 그리고는 줄기를 가지런히 정리해서 어른 엄지손가락 굵기만큼씩 묶어. 그 묶음을 쓰임새에 따라 한두 개나 수십 개를 뭉쳐 끈으로 동여매지. 이제 묶은 자루 끝을 가지런히 잘라 주면 빗자루가 되는 거야.

빗자루는 만든 재료나 생김새에 따라 이름도 가지가지야. 싸리 줄기로 만들어 흔히 마당비로 쓰는 빗자루를 '싸리비' 라고 하지. 수수로 만든 빗자루는 '장목비' 라고 하고 갈대 이삭을 묶어 만든 빗자루는 '갈목비' 라고 해. 대나무를 끼워 손잡이를 길게 한 빗자루는 '대장 비', 솔가지나 솔잎으로 만들어 사랑방이나 작은 방이나 화로 둘레를 치우는 데 쓰던 빗자루는 '솔비', 방비 자루에 고운 수를 놓은 빗자루는 '꽃비' 야.

옛날에는 빗자루가 흔해서 그랬는지, 아이들이 잘못을 하면 어른들이 빗자루 채를 거꾸로 들고 혼을 냈어. 커다란 빗자루에 몇 대 맞아도 별로 아프지도 않고 다치는 일도 없었거든. 지금 생각해 보면 빗자루는 사랑의 매였던 거지.

심심한 오후에는 이 빗자루로 인형 놀이도 했어. 얼굴도 팔도 없는 빗자루 인형이었지만 말이야. 남자 아이들은 빗자루를 들고 전쟁놀이를 했지. 서양에는 마법사가 빗자루를 타고 하늘을 날아다닌다는 이야기가 있잖아. 어렸을 때 이 이야기를 듣고 서양에는 빗자루를 타고 날아다니는 마법사가 정말로 있는 줄 알았다니까.

싸리비

장목비

이남박

쌀을 씻는 데 쓰던 나무바가지를 이남박이라고 해. 쌀을 이는 바가지라는 뜻으로 '쌀름박이' 라고 하기도 했어. 요즘 시골에서는 '쌀씻개' 라고 한대. 조상 대대로 쌀밥을 먹어 온 우리한테 이남박은 예나 지금이나 빼놓을 수 없는 살림살이야.

이남박은 통나무를 크고 둥글게 깎아서 만들어. 새로 만든 것은 들기름을 발라서 잘 말린 다음에 마른행주질을 하고 길을 들여서 썼지. 또 진흙을 바른 다음 들기름을 먹이거나 옻칠을 하기도 했어. 안쪽 면에는 골을 여러 개 내는데, 한쪽 면에만 내기도 하고 안쪽 면 전체에 내기도 했지. 골이 있으면 쌀을 일 때 돌이나 뉘 같은 것을 골라낼 수 있고, 쌀을 씻을 때도 골에 쌀이 닿아 비벼지니까 깨끗이 씻을 수 있어. 쌀은 뿌연 뜨물을 받아 내고 맑은 물이 나올 때까지 깨끗이 헹궈야 해. 그래야 밥이 맛있게 되거든. 요즘은 나무로 만든 이남박 대신에 플라스틱으로 만든 것을 많이 쓰는데, 이것도 마찬가지로 안쪽에 골이 패어 있어. 부엌에 가서 한번 찾아보렴.

아줌마가 시어머니께 살림을 하나씩 배워 가는 초보 주부였을 때 일이야. 한번은 시어머니께 크게 야단을 맞은 적이 있었어. 무슨 큰 잘못을 했기에 그렇게 혼이 났냐고? 쌀을 씻다가 그만 쌀알을 조금 흘려 버렸지 뭐야. 한 스무 톨쯤? 시어머니는 귀한 쌀을 많이 버렸다고 혼쭐을 내셨지. 그때는 시어머니 말씀이 너무 서운했어. 먹다 남은 밥도 버리는데 그깟 쌀 몇 톨에 왜 그러실까 하고 말이야. 하지만 이제는 아줌마가 직접 농사를 지어 보니까 그 마음을 알 것 같아. 그 쌀 한 톨이 나오기까지 수고한 농부의 손길과 땀, 벼가 뜨거운 햇빛과 차가운 밤이슬을 견디고 자란 그 시간을 생각해 봐. 쌀 한 톨도 허투루 버릴 수 없겠지? 그래서 아줌마는 쌀을 씻을 때 한 톨이라도 흘리지 않으려고 조심해.

조리

조리는 쌀이나 잡곡을 일 때 쓰는 도구야. 흔히 대나무나 싸리를 엮어서 국자 꼴로 만들지. 바가지에 쌀을 담아 물을 붓고 조리로 살살 동그라미를 그리면서 돌리면 가벼운 쌀은 조리 안으로 들어오고 쌀보다 무거운 돌 같은 것은 바가지에 남아. 그러면 가려낸 돌을 버리고 깨끗한 쌀로 밥을 짓는 거야. 예전에는 마당에서 낟알을 떨어내거나 절구에 벼를 찧어서, 조리로 일지 않으면 밥을 할 수 없을 만큼 쌀에 돌이나 흙이 많이 섞여 있었어. 이렇게 쌀을 일듯이 복을 일어 얻으라는 뜻으로, 섣달 그믐날 밤에 사서 집 안에 매달아 두기도 하지. 이 조리는 복을 가져다준다고 해서 '복조리' 라고 해.

아줌마가 혼인을 하고 한동안 시댁에서 살 때 일이야. 하루는 시집가서 처음 맞는 시아버지 생신에 정성스레 음식을 준비하고 있었어. 시어머니가 물에 씻어 불린 녹두를 주시면서 녹두전을 부치라고 하시잖아. 아줌마는 그 말씀을 듣고는 녹두를 갈아서 맛있게 녹두전을 부쳤지. 그런데 이게 웬일이니? 시아버지가 녹두전을 드실 때마다 와작와작 돌이 씹히는 거야. 어찌된 일인가 했더니, 그만 녹두를 일지 않고 전을 부친 거였어. 시어머니는 아줌마가 어련히 녹두를 인 다음에 갈 거라고 생각하셨고, 아줌마는 시어머니가 다 일어 놓으셨으려니 생각한 거지. 결국 돌이 씹히는 녹두전 때문에 밥상은 소란스러워졌고 살림이 아직 몸에 배지 않은 초보 며느리 등골에선 땀이 줄줄 흘렀어. 어찌나 민망하던지……. 쥐구멍에라도 숨고 싶더라니까.

잘 인 것 같은데도 가끔씩 밥에서는 돌이 나오고, 그 돌은 신기하게도 집안 어른이나 밥 짓는 사람이 미워하는 사람 밥그릇에 들어간다고 하지. 그래서 밥 짓는 여인네들은 혹시라도 밥에서 돌이 나올까 봐 신경 써서 조리질을 했어. 아줌마는 지금도 잡곡을 씻을 때만큼은 꼭 조리질을 해. 굳이 돌이 나오지 않아도 조리질을 하면 왠지 마음이 편해지거든.

수저

수저는 음식을 먹을 때 쓰는 도구야. 본래 숟가락을 이르는 말이었지만, 지금은 숟가락과 젓가락을 함께 이를 때 쓰지. 은, 놋쇠, 백동, 청동, 나무 들로 만드는데, 아주 오래 전에는 조개껍질로도 만들었대. 조선 시대 이후에 오늘날과 같은 생김새가 되었지. 수저 윗부분에는 좋은 뜻을 담고 있는 글자나 꽃을 칠보로 입히기도 해.

일본과 중국은 주로 젓가락을 쓰지만 우리나라는 숟가락과 젓가락을 함께 써. 우리나라는 밥상에 국물 음식과 국물이 없는 음식을 함께 차려 내잖아. 숟가락으로 밥과 국을 떠먹고 젓가락으로는 반찬을 집어 먹지. 예전에는 식사가 다 끝날 때까지 밥상에 숟가락을 내려놓지 않았어. 반찬을 집을 때도 밥그릇이나 국그릇에 숟가락을 걸쳐 놓았지. 숟가락을 밥상에 내려놓으면 식사가 다 끝났다는 뜻으로 여긴 거야.

수저통은 수저를 닦아 꽂아 놓고 말리는 통이야. 밑바닥에 작은 구멍을 여러 개 뚫어서 물기가 빠지고 바람이 잘 통하게 했어. 흔히 오지나 도자기로 만들지만 대오리나 싸리를 엮어 만들기도 해. 대오리나 싸리로 만든 수저통은 윗부분을 끈으로 꿰어 부엌 한 귀퉁이에 매달아 놓고 썼지. 예나 지금이나 물기가 묻은 수저를 내놓으면 예의 없다고 여겨져. 그러니까 늘 깨끗하게 닦아 물기를 거두고 써야 해.

숟가락에 대한 이야기 한번 들어 볼래? 옛날에 천국과 지옥에 모두 다녀온 사람이 있었대. 그 사람이 말하기를 천국과 지옥에 가면 맛있는 음식을 한가득 차려 놓은 잔칫집이 있다는 거야. 그런데 거기서는 아주 기다란 숟가락만 쓰게 했대. 입으로 가져갈 수도 없을 만큼 긴 숟가락을 보고는 아무도 밥을 못 먹겠다고 생각했는데, 사람들 모습을 지켜보다가 깜짝 놀랐어. 천국에 있는 사람들은 긴 숟가락으로 서로 밥을 먹여 주면서 즐거워했고 지옥에 있는 사람들은 자기만 먹겠다고 아우성치며 화만 내더라는 거야. 똑같이 긴 숟가락을 가지고도 서로를 생각하는 마음 하나로 즐거움과 괴로움이 갈린 거지.

수저통

주걱

주걱은 밥을 푸거나 음식을 젓는 도구야. 우리 겨레가 쌀로 밥을 지어 먹기 시작하면서부터 주걱을 써 왔을 거라고 짐작한대. 천육백 년 전에 그린 고구려 벽화 가운데에는 여자가 손에 주걱을 들고 시루에서 음식을 푸는 그림도 있어. 그러니까 역사가 아주 오랜 살림살이지.

생김새는 둥글납작한 판에 자루가 달린 꼴인데, 흔히 나무나 대나무로 만들지만 놋쇠로 만들기도 해. 쓰임새에 따라 생김새가 조금씩 다르고 크기와 재료도 달라. 밥주걱은 자루가 짧고 죽이나 풀을 쑬 때 쓰는 주걱은 자루가 길어. 된장이나 고추장을 만들 때에는 메줏가루나 고춧가루를 많이 저어야 하니까 이때 쓰는 주걱은 판도 크고 자루도 길지. 조청을 고거나 묵을 쑬 때도 커다란 주걱을 써.

아줌마가 시댁에서 살다가 따로 이사를 나올 때 시어머니가 살림살이를 나눠 주셨어. 그 가운데에 커다란 주걱은 아줌마한테 아주 귀한 살림살이야. 시어머니가 시집와서 마련하신 건데, 그 주걱으로 수십 년 동안 해마다 된장과 고추장을 담그셨대. 그러니까 이 주걱은 나이 마흔이 훨씬 넘은 거지. 시어머니는 이제 연세가 많이 드셔서 고추장, 된장을 못 담그셔. 그래서 맏며느리인 아줌마한테 대물림을 하신 거야. 아줌마는 이 주걱으로 해마다 된장과 고추장을 맛있게 담가 시어머니께 갖다 드리지. 이 주걱을 앞으로 사십 년쯤 더 쓰고 딸한테 물려줄 생각이야. 그때쯤이면 이 주걱도 박물관으로 가야 할지 모르겠네.

주걱으로 밥을 풀 때는 들이 푸라고 하지. 무슨 말인가 하면, 주걱으로 솥에서 밥을 풀 때 주걱 판이 집 안쪽을 바라보게 해서 푸라는 뜻이야. 이렇게 하면 복이 집 밖으로 달아나지 못한대.

밥통

밥통은 이름 그대로 밥을 담는 통이야. 요즘은 전기밥통을 흔히 쓰지만, 아줌마가 어렸을 적만 해도 집집마다 솥에 밥을 해서는 밥통에 퍼 담아 두었어. 남은 밥을 담아 두거나 다음 끼니 때 먹을 밥을 미리 지어서 넣어 두기도 했지. 밥통은 대개 둥근 기둥 꼴에 뚜껑이 있는데, 질그릇, 나무, 놋쇠, 사기 같은 여러 가지 재료로 만들었어. 질그릇이나 나무쪽으로 만든 밥통은 봄부터 여름까지 많이 썼어. 물기를 잘 빨아들여서 밥이 쉽게 상하지 않게 해 주거든. 두껍게 옻칠을 한 통나무 밥통이나 놋쇠, 사기로 만든 밥통은 가을과 겨울에 많이 썼지. 밥통이 열을 지켜 줘서 오랫동안 따뜻한 밥을 먹을 수 있으니까.

밥통 하니까 어릴 적 일이 생각나는구나. 어느 추운 겨울날이었지. 그날따라 아버지가 늦으셔서 어머니는 밥이 식을까 봐 밥통을 담요로 둘둘 말아서 따뜻한 아랫목에 놓고 이불을 덮어 두셨어. 아줌마랑 동생들은 아버지 오시기를 기다리며 방 안에서 놀고 있었고. 그런데 심하게 장난을 치다가 그만 그 밥통을 엎어버린 거야. 밥이 다 쏟아져서 이불에 밥이 한가득 묻었지. 어머니한테 혼날까 봐 우리는 이불에 붙은 밥알을 허겁지겁 뜯어 먹었어. 양 볼에 묻혀 가면서 먹던 밥알이 어쩌면 그렇게 꿀맛 같던지. 결국 어머니한테 들켜서 빗자루로 엉덩이를 맞고는 엉엉 울었지만. 이제는 웃으면서 이야기할 수 있는 재미있는 추억이야.

'밥통' 이라는 말은 흔히 미련한 사람을 뜻하는 말로 써. 이 밥통아, 하면서 놀리기도 하지. 하지만 바꾸어 생각하면, 밥통은 좋은 뜻을 담고 있어. 밥통은 밥을 담아 두는 그릇이기도 하고 사람 몸속 기관 가운데 음식물을 소화시키는 위를 이르기도 하잖아. 그러니까 이제부터 이 말을 좋은 뜻으로 쓰는 게 어떨까? "내 밥통은 튼튼하고 소화를 잘 시켜.", "저 동무는 밥통같이 따스한 성격이야.", "나는 밥통처럼 한결같아." 이렇게 말이야.

주전자

주전자는 물이나 술, 차를 끓이거나 담아 두는 살림살이야. '주전자' 라는 말은 본래 '술을 데우는 그릇' 이라는 뜻이야. 그렇지만 지금은 술뿐만 아니라 차와 물도 같이 데우고 따라 마시지. 우리나라에서 주전자를 처음 쓰기 시작한 것은 천오백 년 전쯤이래. 통일 신라 시대에는 청동 주전자가 흔했고, 고려 시대에는 참외 모양, 표주박 모양, 오리 모양, 사람 모양 같은 여러 가지 상감 청자 주전자를 만들어 썼어. 조선 시대에 들어와서는 백자, 유기, 철기, 토기 주전자가 널리 쓰였다고 해. 만드는 재료에 따라 주전자 안에 담는 것이 달라져. 쇠붙이로 만든 주전자는 따뜻하게 데워 마시는 술과 차에 좋아. 도자기 주전자는 차게 해서 마시는 것에 알맞지.

주전자는 둥근 몸통과 길쭉한 주둥이, 손잡이와 뚜껑으로 이루어졌어. 주전자만큼 멋진 그릇도 없는 것 같아. 물을 담는 넉넉한 몸통과 물을 따를 때 새지 않게 만든 길쭉한 주둥이, 제 아무리 뜨거운 물이 담겨 있어도 거뜬히 잡을 수 있는 손잡이, 더러운 것이 들어가지 못하게 만든 뚜껑, 그리고 거기에 뚫린 작은 구멍 하나! 이건 물이 끓어 넘치지 않게 해 주지. 완벽한 얼개 아니겠니? 이 다섯 가지 가운데 어느 하나만 없어도 주전자로서 구실을 제대로 못할 거야.

어렸을 때, 명절날이면 할머니 집에 모여서 다 같이 윷놀이를 하곤 했어. 한참 놀이를 하다 보면 목이 마른데도 서로 주전자에 물 떠 오기를 미루지. 그러면 개구쟁이 막냇삼촌은 자기가 물을 주겠다면서 주전자를 잡고 물을 따르는 시늉을 했어. 그러면 정말 물 한 방울 남아 있지 않던 주전자에서 물이 쪼르르 나오는 거야. 그리고 다시 주전자를 따르면 또 한 방울……. 그것이 어찌나 재미나던지 우리는 배를 잡고 깔깔거렸어. 삼촌은 이 주전자는 요술 주전자라고 뻐기면서 신나게 한 방울씩 물을 흘렸지. 주전자에 대한 재미있는 추억 가운데 하나야.

칼과 도마

부엌 살림살이 가운데 칼과 도마는 기본 가운데 기본이야. 아무리 가난한 살림이라도 칼 몇 자루와 도마 두어 개는 있었으니까. 도마는 칼과 한 짝이야. 그래서 도마를 흔히 '칼도마' 라고 해. 도마는 음식을 칼로 썰거나 다질 때 받침대로 쓰는 도구야. 굵은 통나무를 가로로 잘라 널빤지 꼴로 만들거나 세로로 두껍고 넓게 켜서 만들어. 판 밑에는 낮은 발을 달기도 하지. 우리가 전통적으로 쓰던 식칼은 칼등이 칼날에 견주어 두껍고, 칼날 부분이 부드러운 곡선을 그리고 있어. 식칼은 쓰임새에 따라 크기와 생김새가 조금씩 달라. 고기나 생선을 자르는 칼인 장도는 크고 긴 편이고, 야채를 다듬는 창칼은 아담하지. 식칼 가운데 가장 작은 칼은 과일을 깎는 데 쓰는 과도야. 우리 칼은 대부분 무쇠로 만드는데, 무쇠 칼은 무른 편이라 쓰다 보면 금세 날이 무뎌져. 그러면 숫돌에 날을 갈아 줘야 해.

아줌마는 돌아가신 할머니가 쓰시던 도마를 아직도 간직하고 있어. 박달나무로 만든 작은 도마인데, 아줌마 어머니가 갖고 계시다가 아줌마한테 물려주신 거야. 나무 도마를 오랫동안 쓰다 보면 도마 가운데 부분이 움푹 들어가. 어린 마음에 움푹 들어간 도마가 좀 이상해서 할머니께 물어보았어. "할머니, 여기는 왜 이렇게 없어졌어요?" 그러면 할머니는 빙그레 웃으시면서 "배고파서 내가 먹었지." 하시는 거야. 그때는 그 말이 참말인 줄 알고 할머니는 별걸 다 먹는다고, 참 이상하다고 생각했었지. 할머니는 날마다 도마를 깨끗이 닦고 볕이 좋은 날 자주 말리셨어. 그러면 신기하게도 김칫국이 뻘겋게 밴 도마가 다시 새것인 양 깨끗해지는 거야. 아줌마는 물려받은 이 도마가 닳는 게 아까워서 안 쓰고 있어. 할머니의 손때가 묻은 도마라서 볼 때마다 할머니를 뵌 듯이 반갑거든.

도마

칼

양푼

다들 양푼 비빔밥 한 번쯤은 먹어 봤겠지? 커다란 양푼에 밥이랑 먹다 남은 여러 가지 나물에 고추장을 넣고 쓱쓱 비빈 비빔밥 말이야.

전통적인 양푼은 높이가 낮고 바닥이 판판하게 생겼어. 우리나라에서는 오래전부터 북쪽 산간 지방에서 많이 만들어 썼대. 양푼은 놋으로 만들어. 놋그릇은 틀로 뜨는 주물 기법이나 두들기는 방짜 기법을 써서 만드는데, 양푼은 흔히 두들겨서 만들었어. 작은 것, 중간 것, 큰 것 세 개가 한 벌이라서 한 번 마련할 때 세 개를 한꺼번에 사. 방짜 기법으로 만든 양푼은 깨어지거나 빛깔이 바뀌는 일이 드물어. 오히려 쓰면 쓸수록 은은한 빛이 나서 살림하는 여자들이 즐겨 썼어. 대갓집에서도 양푼은 귀하게 여겨서, 쓰다가 금이 가면 땜질을 해서 썼대. 예전에는 골목마다 땜장이가 다니면서 솥단지나 냄비, 양푼 같은 것을 땜질해 줬거든.

부엌살림 가운데 그야말로 휘뚜루마뚜루 쓰이던 그릇이 바로 양푼이야. 음식을 담고, 불에 데우는 것은 물론 나물을 무치고, 떡 반죽을 하고, 고물을 담아 떡 반죽을 굴리기도 했어. 죽을 쑤어 담거나 묵을 굳히기도 하고 밥을 비비기도 했지. 큼직한 양푼에 밥이랑 반찬을 이것저것 넣고는 모두 둘러앉아 같이 비벼 먹는 거야. 두 볼이 터져라 비빔밥을 입 안에 한가득 넣은 모습들이라니. 지나가는 동네 사람이 있으면 불러서 같이 먹기도 했어. 쓰던 숟가락을 치맛자락으로 쓱쓱 닦아서 건네주는 거지. 갈수록 그런 정이 그리워지네.

예전에는 알뜰하게 살림하는 사람을 찾아 골목을 누비고 다니는 장사꾼이 있었어. 솥이나 냄비를 땜질하는 아저씨, 넝마나 빈 병을 모으는 엿장수, 나무 소반 다리를 고치고 칠을 새로 해 주는 칠장이까지. 요즘은 쓰던 물건이 낡거나 유행이 지나면 쉽게 버리지만, 예전에는 몇 번이나 고쳐 쓰면서 대를 물렸어.

푼주

‘푼주’라는 말이 낯설지 않니? 아줌마도 어른이 될 때까지 푼주라는 말은 잘 들어 보지 못한 것 같아. 예전에는 흔하게 쓰인 살림살이였는데 말이야.

푼주는 커다란 대접같이 생긴 그릇이야. 아가리를 밑바닥보다 넓게 만드는데, 가장자리가 바깥쪽으로 넓게 벌어진 것과 안으로 살짝 오므라진 것이 있어. 가장자리에 좀 넓적한 전을 두르거나 주발처럼 우묵하게 만들어 밑에 굽을 달기도 해. 커다란 푼주에는 들고 다니기 편하게 손잡이를 달았지. 흙을 빚어 만든 도자기 푼주가 가장 흔하지만, 예전에 부잣집에서는 청자나 백자로 된 자기 푼주와 방짜 기법으로 만든 놋그릇 푼주를 썼고, 서민들은 사기나 오지로 만든 푼주를 썼대.

쓰임새가 많은 만큼 크기도 여러 가지야. 큰 푼주는 음식을 만들 때에 쓰고 작은 푼주는 음식을 담아낼 때 많이 써. 나물 같은 간단한 무침을 할 때나 소금이나 간장에 먹을거리를 절일 때에 쓰고 잔치나 손님상에 쓸 회나 초무침, 겉절이 같은 음식을 담아낼 때에도 썼지. 여럿이 둘러 앉아 밥을 먹을 때 식혜나 화채, 술 같은 것을 담아 두고 덜어 마시기도 했어.

그릇은 쓰는 사람 마음대로라고 하잖아. 푼주가 바로 그런 그릇이야. 작으면 작은 대로 크면 큰대로, 부엌에서건 방에서건 마당에서건 제구실을 다하지. 무엇이든 담아낼 수 있는 넉넉한 그릇 푼주. 우리 모두 푼주 같은 사람이 되면 좋겠구나.

푼주를 쉽게 볼 수 있는 곳이 있는데, 바로 우리 옛 풍속화야. 신윤복이나 김홍도의 풍속화를 살펴보면 잔칫상을 차리거나 음식을 만드는 데에 대접보다 조금 더 큰 그릇이 있을 거야. 그게 바로 푼주지. 한번 찾아보렴.

냄비

냄비는 음식을 불에 익힐 때 쓰는 그릇 가운데 하나야. 우리 옛 이름은 '쟁개비'이고, 냄비라는 말은 일본말 '나베'에서 왔대. 냄비는 솥보다 깊이가 얕고 바닥이 판판하면서 손잡이가 달려 있어. 또 손으로 잡고 여닫을 수 있게 꼭지가 달린 뚜껑이 있지. 흔히 쇠붙이로 만들지만 곱돌이나 오지로 만들기도 해. 또 쇠붙이로 만들어서 겉에 유약을 바른 법랑 냄비도 있어. 요즘은 알루미늄, 쇠, 스테인리스, 구리, 강화유리 같은 여러 재료로 만들지. 알루미늄 냄비는 가벼우면서도 녹이 슬지 않고 열이 빨리 올라 음식이 빨리 익지만, 물기가 없으면 잘 타. 쇠로 만든 냄비는 열이 빨리 오르고 오래 가지만, 무겁고 쉽게 녹이 스는 것이 흠이야. 그래서 쇠 냄비를 쓴 다음에는 물기를 잘 거두고 기름칠을 해 두는 것이 좋아. 요즘은 손질하기 번거로운 쇠 냄비 대신 스테인리스 냄비를 많이 쓰지. 스테인리스는 열이 빨리 오르고 가벼우면서도 녹이 슬지 않아서 오래 쓸 수 있거든.

냄비로 음식을 끓이는 것은 물론 삶고, 찌고, 튀기고, 볶는 여러 요리를 할 수 있어. 밥, 국, 반찬까지 척척 다 해내는 냄비가 없으면 밥상을 차리기가 힘들 거야. 흔히 냄비에 음식을 익히면 그릇에 덜어 상에 올리지만, 요즘에는 냄비째 상 위에 올려놓고 전골, 탕, 찌개, 찜, 불고기 요리를 해 먹기도 해. 상에 올려놓고 먹을 때는 흔히 냄비보다 운두가 낮고 널따란 전골냄비를 쓰지.

금세 흥분했다가 금세 가라앉는 것을 보고 '냄비 끓는 듯하다'고 하잖아. 예전부터 써 오던 오지 냄비나 구리 냄비, 곱돌냄비는 천천히 끓고 천천히 식으니, 이 말은 요즘 쓰는 알루미늄 냄비에나 맞겠지. 느긋했던 옛사람들에 견주어 요즘 사람들은 점점 더 참지 못하고 급하게 구는 것을 보니 사람도 꼭 이 냄비가 바뀌듯 한 것 같구나.

뚝배기는 잘 식지 않아서 국물이나 기름기가 많은 음식을 먹을 때 좋아. 흔히 쓰는 오지 뚝배기는 천년 전 토기에 유약을 발라 굽던 기법을 이어서 만들었으니, 아주 오래된 그릇인 셈이지.

단지

단지는 담아 두는 음식에 따라 꿀단지, 술 단지, 엿 단지, 초 단지, 양념 단지 같은 여러 가지 이름이 붙어. 작은 항아리처럼 생겼는데, 항아리보다 목이 짧고 배가 불러. 흔히 오지나 질그릇으로 만들고 백자로 만들기도 해. 찬장에 넣어 두거나 뒤주, 살강, 선반 위에 올려놓고 필요할 때마다 꺼내어 썼지. 식초를 만드는 초 단지는 따뜻한 부뚜막 위에 올려놓고 썼어.

아줌마네 외갓집 안방에 큰 장롱이 있었는데, 장롱 위에는 늘 작은 단지가 두세 개쯤 놓여 있었어. 거기에는 꿀이나 약과, 한과 같은 것이 들어 있었지. 어린 마음에 그것이 어찌나 먹고 싶던지 할아버지가 밖에 나가신 틈을 타서 단지를 열어 보기로 마음먹었어. 아랫목에 깔린 보료와 베개를 가져다가 높이 쌓고 올라가서 겨우겨우 단지를 내렸더니, 맛있는 꿀이 들어 있지 뭐야. 맛이 조금 이상한 듯도 했지만 개의치 않고 신나게 먹었지. 그러고는 그만 배탈이 나버린 거야. 알고 보니 그건 꿀이 아니라 할아버지 약이었대. 꿀에 재어 놓은 한약을 꿀인 줄 알고 너무 많이 먹어서 며칠 고생은 했지만, 그 뒤로도 아줌마 눈길은 늘 그 장롱 위 단지에서 떠날 줄을 몰랐어.

부엌 살강 위에, 대청마루 뒤주 위에, 안방 벽장 안에 있는 작은 단지들은 귀한 것들로 가득 차 있었어. 옹기 단지에는 금방 담근 어리굴젓이나 가을에 새로 담근 고추장이, 붉은 석간주 물을 입힌 작은 단지에는 꿀이나 조청이 한가득 들어 있었지. 그래서 지금도 단지를 보면 마음이 흐뭇하고 소중한 것을 만난 듯한 기분이 들어. 귀한 것이나 아끼는 것을 이를 때 '보물단지' 나 '신줏단지' 라는 말을 하잖아.

양념 단지는 뚜껑 있는 작은 단지를 세 개나 다섯 개씩 붙여서 만들기도 해. 그러면 여러 가지 양념을 한꺼번에 정리할 수 있어서 편하거든.

초병과 초 단지

초병은 식초를 담아 두던 병이야. 목이 짧고 배가 부른 오지항아리인데, 안에 든 식초를 따를 수 있게 어깨나 배에 작은 귀때가 붙어 있지. 뚜껑이 있는 작은 초병은 부엌 살강 위에 올려놓고 음식을 할 때 조금씩 덜어 썼어. 식초 대신 간장을 넣어 간장 병으로 쓰기도 하고 말이야.

초 단지는 식초를 만드는 그릇인데, 초병보다 크고 뚜껑은 없어. 옛날에는 집집마다 부엌 부뚜막 위에 초 단지를 올려놓고 식초를 만들어 썼어. 아궁이에 불을 때면 부뚜막이 따뜻해져서 식초가 발효하기 알맞은 온도가 되지.

식초를 만들거나 담아 둘 때 오짓물을 입힌 오지그릇을 쓰면 바람이 통하지 않아서 식초가 변하지 않아. 그래서 초병과 초 단지는 사기나 질그릇으로 만들지 않고 꼭 오지그릇으로 만들어 썼어.

과일이 많이 나는 나라에서는 과일로 술과 식초를 만들고 우리나라처럼 쌀을 많이 먹는 나라에서는 쌀로 술도 빚고 식초도 만들어. 먹다 남은 막걸리가 쉬어서 못 먹게 되면 초병이나 초 단지에 넣어 둬. 두 달쯤 지나면 누룩 같은 찌꺼기는 밑으로 가라앉고 그 위에 맑은 식초가 뜨지. 옛날에는 그것을 떠서 음식 만들 때 쓰곤 했어. 지금도 회 무침을 할 때는 생선 맛을 돋워 주는 막걸리 식초를 쓴대.

우리나라에서 언제부터 식초를 만들어 썼는지는 정확히 알 수 없어. 《지봉유설》을 보면 술이 변해서 식초가 되었다는 말이 있지. 또 식초를 다른 말로 '쓴 술' 이라고 한다는 기록도 있어. 이런 것을 볼 때 식초는 술과 함께 발달한 것으로 여겨져. 또 조선 시대 기록에도 식초 만드는 재료와 방법이 나와 있대. 오래전부터 우리 조상들은 식초가 몸에 좋다는 것을 알고 있었나 봐.

초병

초단지

기름병

아주 오랜 옛날부터 우리 조상들은 참깨, 들깨, 콩, 유채, 동백나무 들의 씨앗에서 기름을 짜서 썼어. 이런 기름들을 담아 두는 병을 기름병이라고 해. 부엌에서 음식을 만들 때 쓰는 참기름, 들기름, 콩기름, 유채 기름뿐만 아니라, 머리에 바르던 동백기름, 약으로 쓰던 피마자기름과 산초 기름을 담은 병도 모두 기름병이야.

기름병은 흙으로 빚어 구운 다음 물이 스며들지 않게 유약을 발라서 만들어. 흔히 동백기름처럼 귀한 기름은 백자 같은 사기병에 담아 경대 위에 두고 썼어. 참기름, 들기름같이 먹는 기름은 사기병이나 오지병에 담아 삼이나 실로 꼰 노끈으로 병목을 동여매서 부엌 조리대 위 벽에 걸어 두고 썼지. 헐하게 쓰는 기름은 질 낮은 유약을 바른 값싼 잡유병에 담아 두었어.

기름이란 게 공기나 열, 빛과 오래 닿으면 쉽게 상하거든. 기름을 짜면 될 수 있는 대로 빨리 쓰고, 남은 기름에 공기나 햇빛이 닿는 것을 막아야 하지. 그래서 기름병은 크기가 아담하고 주둥이가 작게 만드는 거야. 기름을 병에 담아 둘 때에는 병 주둥이를 꼭 막아 놓아야 해. 고소한 냄새까지 지킬 수 있게 말이야.

아줌마는 고소한 기름 냄새를 맡으면 할머니 생각이 나. 할머니는 손수 기른 참깨랑 들깨로 기름을 짜서 병에 담아 찬장 깊숙이 넣어 두었다가 시집간 고모나 우리가 가면 꼭 한 병씩 챙겨 주셨지. 반들반들하니 고소한 냄새가 풍기던 그 기름병에는 오랜만에 집에 온 자식들한테 가장 귀한 것을 주고 싶어 하는 어머니의 마음도 들어 있었던 거야.

들기름은 음식을 만들 때 쓸 뿐만 아니라 또 다른 쓰임새도 있어. 오래되어 맛과 향을 잃은 들기름은 장판이나 나무로 만든 가구나 그릇에 발라. 그러면 고운 색이 나고 오래 쓸 수 있지.

오지병

사기병

잡유병

기름틀

기름틀은 기름을 짤 때 쓰는 도구야. 우리 조상들은 콩, 참깨, 들깨, 피마자, 동백 같은 식물 씨앗으로 기름을 직접 짜서 썼기 때문에 기름틀은 중요한 살림살이 가운데 하나였지. 기름틀은 국수를 뽑는 국수틀이랑 비슷하게 생겼는데 크게 지지대와 떡판, 누름대로 이루어져. 지지대는 서까래처럼 긴 나무판 두 개를 가위다리 꼴로 벌어지게 고정한 다음 땅바닥과 30도 각도를 이루게 만든 거야. 그 위에는 두꺼운 널빤지 가운데를 우묵하게 판 떡판을 얹지. 길고 넓적한 널빤지는 지지대에 끼워서 떡판을 내리누르는 누름대로 써. 이렇게 사다리처럼 생긴 것 말고도, 길이가 짧고 판판한 나무판으로 만들어서 도마를 겹쳐 놓은 듯한 기름틀도 있어. 다른 살림살이처럼 기름틀도 지역이나 쓰임새에 따라 생김새가 조금씩 달라.

기름을 짜려면 우선 깨나 콩 같은 씨앗을 잘 씻어 물기를 빼 두어야 해. 물기가 빠진 씨앗을 불에 들들 볶은 다음 절구에 넣고 찧어서 체로 곱게 내리는 거야. 이것을 시루에 담고 찌면 기름떡이 되지. 이 기름떡을 삼베나 마로 짠 자루에 담아 떡판에 파인 구멍에 넣고 나무 뚜껑을 덮은 다음 누름대를 힘껏 누르면 바닥에 뚫린 홈으로 기름이 조금씩 나와. 이때 다듬잇돌이나 맷돌처럼 무거운 돌을 떡판 위에 올려 두면 힘을 덜 수 있어.

기름을 짜는 날은 집 안에 고소한 기름 냄새가 가득 퍼져서 마치 잔칫집 같았어. 할머니는 기름병을 다 채우고 남은 기름으로 번철에 부침개를 부쳐 주셨지. 갓 짜낸 기름으로 부친 부침개의 고소함이란! 부침개 말고도 별미가 또 하나 있었으니 그건 바로 깻묵이었어. 기름떡에서 기름을 짜고 남은 찌꺼기를 깻묵이라고 하는데, 이걸 조금 떼어서 입에 넣고 꼭꼭 씹어 먹으면 참 고소했지. 그러고 보면 옛날 살림살이는 정말이지 버리는 것 하나 없이 알뜰했던 것 같아.

화전놀이

자라병

자라병은 병 생김새가 자라를 닮아서 붙은 이름이야. 산이나 들에 나들이 갈 때 술이나 물을 담아 가지고 다니던 병이지. 분청사기가 많은데 백자나 옹기로 만든 것도 있어. 둥글납작한 몸통에 작은 주둥이가 자라목처럼 위를 보고 달려 있지. 병 둘레에는 자라 발처럼 생긴 귀가 양쪽에 두 개씩, 네 개 붙어 있어. 귀에는 구멍이 뚫려 있어서 그 구멍에 끈을 꿰면 병을 가지고 다니거나 벽에 걸어 두기 쉬워. 가지고 다닐 때 깨지지 않게 한지나 삼실을 꼬아 그물처럼 엮어서 병을 집어넣기도 했대. 여기에 끈을 달아 어깨에 메고 다니다가 목이 마르면 꺼내서 물이나 술을 마셨던 거야. 소풍갈 때 메고 가는, 끈 달린 물병처럼 말이야. 그런데 왜 하필이면 자라 모양으로 만들었을까? 납작하게 만들어서 몸에 지니고 다니기 좋으라고? 물론 그런 이유도 있겠지만 자라처럼 오래오래 살기를 바라는 마음도 담겨 있을 거야.

옛날 사람들이 늙지 않고 오래 산다고 여기던 것이 몇 가지 있어. 해, 달, 산, 물, 돌, 소나무, 거북, 사슴, 학, 대나무, 불로초, 복숭아 들이 불로장생을 상징한다고 여겼대. 거북을 닮은 자라도 마찬가지야. 이 생각은 중국 신선 사상에서 영향을 받은 것인데, 오래 살기를 바라는 마음에 그림으로 그려서 집 안에 걸어 두었대. 환갑잔치에는 축하하는 뜻으로 이런 그림을 그려 넣은 병풍을 세우기도 하지. 그림뿐 아니라 목공예와 건축에서도 쓰고, 도자기와 옷에까지 새기거나 수를 놓았어. 생활 깊숙이 자리한 이런 무늬들을 보면 우리 조상들이 얼마나 건강하게 오래 살기를 바랐는지를 알 수 있지.

밖에 나갈 때 지니고 다니던 병 가운데 '호로병' 이라는 것이 있어. '호리병' 이라고도 하지. 눈사람처럼 생긴 몸통에 긴 주둥이를 붙여서 물이나 술, 약 같은 것을 담았어. 흔히 흙으로 빚어 만들지만, 호리병박 속을 파내어 만들기도 하고 나무를 깎아 만들기도 했대.

다래끼

다래끼는 바구니 가운데 하나야. 바구니를 끈으로 달아매고 다닌다고 해서 다래끼라고 한대. 다래끼는 여러 지방에서 두루 쓰여서 지방마다 다른 이름으로 불렸어. 다라치, 다라끼, 다락지, 봉태기, 영성이……. 모두 다래끼의 다른 이름이야.

흔히 짚을 엮어 만드는데, 남쪽 지방에서는 대나무로 만들기도 하고, 산간 지방에서는 짚, 싸리, 칡, 댕댕이덩굴 들을 엮어서 만들기도 해.

아가리가 좁고 바닥은 넓고 네모진 꼴이야. 아가리 양쪽에 새끼줄이나 삼으로 끈을 달기도 해. 그러면 가방처럼 메거나 허리에 둘러맬 수 있지. 더러는 아가리 안쪽에 짧은 막대를 대어 들고 다니기도 했어.

다래끼는 쓰임새가 여러 가지야. 아낙네들은 다래끼를 가지고 산나물을 캐러 가거나 산열매를 따러 가기도 했고, 고추, 감자, 옥수수, 고구마 들을 거두러 가기도 했어. 아이들은 냇가에서 잡은 고기나 가재를 다래끼에 담아 왔고. 씨 뿌리는 데 쓰는 다래끼는 따로 '종다래끼' 라고 해. 다래끼에 콩, 팥, 보리 들의 씨앗을 담아 어깨에 메고 두 손으로 씨앗을 뿌리면 한 손에 바구니를 들고 다른 손으로 씨앗을 뿌리는 것보다 훨씬 편하지.

어렸을 적에 봄이 되면 할머니를 따라 뒷산으로 봄나물을 캐러 다녔어. 겨우내 꽁꽁 얼었던 땅이 녹고 어느새 푸릇푸릇한 새싹이 자라나 있었지. 냉이, 달래, 쑥, 돌나물, 취나물, 엉겅퀴, 미나리 같은 향긋한 봄나물이 지천에 널려 있어서 금세 다래끼를 가득 채웠어. 다래끼가 꽉꽉 차게 나물을 캐고 나면 할머니는 민들레랑 토끼풀 꽃을 엮어서 예쁜 꽃팔찌를 만들어 주셨어. 어찌나 마음에 꼭 들던지, 잠자리에 들 때에도 베개 옆에 두고 잤다니까. 보석 팔찌가 아무리 예쁘다고 해도 할머니가 만들어 주신 꽃팔찌보다는 못할걸.

광주리

광주리는 싸리, 고리버들, 대나무, 등나무 들을 엮어서 만든 큼지막한 그릇이야. 우리나라에서는 석기 시대부터 광주리를 엮어 썼대. 그래서 일찍부터 중요한 살림살이로 자리 잡았지. 통일 신라 시대 이후에 '고리백정' 이라고 불리던 사람들이 만들던 '버들광주리' 를 줄여서 광주리라고 하게 된 거래.

흔히 껍질 벗긴 싸리로 만들지만, 대나무가 많이 나는 지방에서는 대광주리를 많이 만들었어. 둥근 바닥은 씨줄과 날줄로 촘촘하게 엮어. 그 다음에 바닥보다 좀 더 성기게 울타리를 둘러 짜는 거야. 울이 없는 채반을 접시라고 한다면 광주리는 속이 깊은 그릇이라고 할 수 있지.

바닥이 넓적하고 판판해서 특히 물건을 담아 나르는 데에 많이 썼어. 새참을 담아 논밭에서 일하는 사람들한테 나르기도 하고 빨랫감을 담아 머리에 이고 마을 빨래터에 가기도 했지. 또 먹을거리를 넣어 두거나 물기를 뺄 때에도 쓸모 있어. 또 바람이 잘 통해서 나물 같은 것을 말릴 때에도 좋아. 예전에 장터에 가면 논밭에서 거둔 채소 같은 것을 광주리에 담아 온 아주머니를 흔히 볼 수 있었어.

우리나라 남부 지방에는 광주리를 엮기에 알맞은 대나무가 많이 나서 일찌감치 대나무 제품을 만드는 기술이 발달했어. 대나무로 물건을 만드는 것을 죽공예라고 해. 특히 담양 죽공예는 조선 시대부터 이어져 내려와서 역사가 오백 년이 넘어. 대나무로는 만들지 못할 살림살이가 없대. 옷장이나 함 같은 커다란 가구부터 그릇, 빗, 반짇고리 같은 물건까지 다 만들 수 있지. 대나무로 만든 물건은 단단하고 질겨서 오래 쓸 수 있고 만들기도 쉬워서 어느 집에서나 흔히 볼 수 있었어. 쓰다가 낡아서 더 이상 쓸 수 없게 되면 내다 버려도 자연스레 썩어서 흙으로 돌아가니까 공해 걱정도 없고 말이야.

동고리

"옛날옛날 호랑이가 담배 피우던 시절, 그보다 더 먼 옛날 고릿적에는……."

할머니의 옛날이야기는 늘 이렇게 시작하지.

할머니 이야기를 들을 때에는 고릿적이 무엇일까 궁금했는데, 그건 '고리' 라는 살림살이를 쓰던 옛날이라는 것을 강조하려고 하신 말씀이었대. 이 고리 가운데에서도 조금 작고 둥글게 만든 것을 '동고리' 라고 해.

동고리는 고리버들 가지를 엮어서 동글납작하게 짠 뚜껑 있는 상자야. 고리버들을 촘촘히 엮어 그릇 꼴을 잡은 다음 테두리에 얇고 넓은 나무판을 안팎으로 대어서 네 곳을 솔뿌리로 꿰매면 끝이야. 위짝을 아래짝보다 조금 크게 만들어서 위짝으로 아래짝을 깊숙이 덮을 수 있어. 그러면 쉽게 열리지 않아 속에 든 것이 밖으로 나올 염려가 없지. 둥글게 짠 것을 '동고리' 라고 하고 모가 나게 만든 것을 '모재비' 라고 달리 이르기도 하지만, 흔히 둘 다 '동고리' 라고 해.

고리는 쓰임새에 따라 크기가 여러 가지야. 큰 고리는 물건을 옮기는 데 흔히 썼어. 옷처럼 큰 물건을 담아 머리에 이고 다니거나 지게에 져서 나르는 거야. 동고리에는 반짇고리, 버선, 책 같은 물건을 담아 두었지. 작은 동고리는 도시락으로 쓰기도 했대. 살림이 넉넉한 집에서는 좋은 글귀를 쓰거나 그림을 그린 한지를 동고리에 바르고 기름칠을 해서 귀중한 것을 보관하기도 했지.

바닥을 촘촘하게 엮으면 떡이나 음식을 담아도 새지 않아서, 여자가 혼인할 때 시댁에 보내는 음식인 이바지도 동고리에 넣어 갔어. 이바지는 혼인하는 여자 부모가 딸을 잘 부탁한다는 뜻으로 정성을 다해 만드는 음식이야. 여러 가지 빛깔의 전과 구이, 편육, 마른반찬과 떡, 과자, 과일 들을 고리마다 가지런히 담았어. 이바지를 내가는 동고리 개수는 꼭 홀수로 맞추었어.

도시락

일하러 가거나 나들이 갈 때 음식을 담아 가지고 갈 수 있게 만든 그릇이 도시락이야. 그 그릇에 담긴 음식도 도시락이라고 하지. 예전에는 대나무, 소나무, 버들, 칡덩굴로 작은 고리짝을 만들어서 도시락으로 썼어. 둥글거나 네모나게 엮은 도시락에 음식을 담아서 짚을 촘촘하게 엮어 만든 도시락 주머니에 넣어 다녔지. 도시락 주머니에 도시락을 담으면 메거나 들고 다니기 편하거든. 도시락이 흔들리거나 넘어지지 않게 바닥을 판판하게 만들고, 뚜껑을 여닫을 수 있게 고리를 만들어 걸었어. 멀리 들일을 나갈 때면 찐 감자 몇 개나 주먹밥 몇 덩이를 도시락에 담고 물병, 낫, 호미 같은 것을 도시락 주머니에 같이 넣고 집을 나섰지.

도시락을 쌀 때 국물 있는 음식은 피했어. 국물이 흐르면 가지고 다니기 불편하잖아. 그래서 나물이나 구이 같은 반찬을 넣고 상하기 쉬운 음식은 싸지 않았어.

아줌마가 도시락을 싸 들고 학교에 다닐 때쯤엔 네모난 양철 도시락이 나왔어. 아줌마가 기억하는 가장 따뜻한 도시락 주머니는 할아버지의 외투 자락이야. 아줌마가 중학교 다닐 때였어. 추운 겨울날 감기로 많이 아파서 겨우겨우 학교에 갔지. 그런데, 수업 시간에 교실 앞문이 벌컥 열리면서 할아버지가 당당하게 들어오시는 거야. 선생님과 동무들은 깜짝 놀랐지. 아줌마는 더 놀랐고. 할아버지는 선생님께 허리 숙여 인사를 하시고는 외투 안에서 꽁꽁 싸 오신 도시락을 꺼내셨어. 감기에 걸려서 아픈 손녀딸한테 차가운 밥을 먹일 수가 없어 손수 도시락을 가지고 오셨다면서. 할아버지 마음이 전해지면서 갑자기 눈물이 핑 돌더라. 그 뒤에도 할아버지는 이따금 가슴에 도시락을 품고 학교에 오셨어. 반찬은 소박했지만 할아버지의 마음이 담긴 따뜻한 도시락을 아주 맛나게 먹었지. 그 도시락을 먹고 자라서 지금까지 아주 튼튼한가 봐.

도시락 주머니

찬합

찬합은 뚜껑이 있고 층층이 쌓을 수 있는 반찬 그릇이야. 예전에는 바구니나 광주리에 음식을 담아 가져가곤 했지만, 백 년 전쯤에 일본에서 찬합이 들어온 다음에는 가까운 거리에 음식을 담아 내갈 때 편하게 썼어.

흔히 3층에서 5층까지 쌓는데, 합을 차곡차곡 포개어 나무 상자에 넣거나 네모난 통에 서랍처럼 끼워서 들고 다니기 편하게 만들어. 서랍처럼 끼우는 찬합은 안에 넣은 그릇이 밖에서 보이지 않게 판을 내리 끼워 닫아. 나무나 버들고리로 만든 것을 가장 많이 썼어. 쇠붙이보다 가벼워서 들고 다니기 좋으니까. 또 대나무나 등나무 줄기를 쪼개어 엮거나 은이나 놋쇠로 만들기도 했대. 나무 찬합은 널빤지에 옻칠을 해서 벌레가 붙거나 물기가 스며드는 것을 막을 수 있어.

식구들끼리 나들이를 가거나 학교에서 소풍을 갈 때 많이 들고 다니지. 아줌마도 어릴 적에 한 해 두 번씩 찬합을 들고 다녔어. 봄 소풍과 가을 운동회 때. 어머니는 음식 솜씨가 뛰어나시진 않았지만 뭐든 정성껏 만들어 주셨어. 봄 소풍 때면 3단 찬합에 도시락을 싸 주셨는데, 맨 아래 칸에는 팥을 넣어 지은 찰밥, 가운데 칸에는 불고기와 전, 나물을 넣고 위 칸에는 떡과 과일을 넣으셨지. 이건 우리만 먹는 게 아니라 식구들과 선생님도 드시는 특별한 도시락이었어. 그땐 학교에서 소풍을 가면 아이들만 가는 게 아니라 어머니와 할머니도 같이 가셨거든. 이모나 고모도 가고, 아기도 업고 가고, 심지어 강아지도 따라갔지. 그래서 소풍날이면 온 동네가 시끌벅적했어. 온 식구가 한마음이 되어 함께 보물찾기도 하고 노래도 하고 달리기도 하면서 즐거운 한때를 보내는 거야. 점심시간이 되면 삼삼오오 모여 앉아 맛있는 도시락을 꺼내기 시작해. 어머니들은 솜씨를 자랑하듯 싸 가지고 온 찬합을 쫙 펼쳐 보이지. 갖가지 빛깔 음식들이 아주 맛나 보이지만, 뭐니 뭐니 해도 김밥 한 줄이 최고였어. 돌아오는 길에는 가벼워진 찬합 덕에 발걸음도 한결 가벼웠지.

보자기

보자기는 천으로 만들어 물건을 싸거나 덮거나 옮길 때 쓰는 살림살이야. 네모난 천으로 만드는데, 만들기도 쉽고 크기에 따라 쓰임새도 여러 가지여서 아주 쓸모가 많지.

상보는 차려 놓은 음식 위에 파리나 먼지가 앉지 않게 덮어 둘 때 써. 여름에는 얇은 모시나 삼베로 만든 홑겹 상보를 덮어 음식이 쉬 상하지 않게 하고 겨울에는 두꺼운 비단을 겹으로 누빈 상보를 덮어서 음식이 식지 않게 했어. 안쪽에는 기름 먹인 종이를 대어 음식 국물이 상보에 배거나 묻지 않게 하고, 한가운데에는 잡고 들어 올릴 수 있게 고리를 달았지. 물건을 싸는 데 쓰는 보자기에는 동여맬 수 있게 끈을 달았어. 그 밖에 아이들이 책을 싸서 두르고 다니는 책보, 이불을 싸는 이불보, 빨랫감을 넣어 두는 빨랫보, 멀리 장사를 다니는 장사꾼들이 물건을 싸서 메고 다니던 보부상 보도 있어. 탁자를 덮는 탁자 보, 함을 싸는 함보, 바느질 그릇을 담는 반짇고리 보, 물건을 받칠 때 쓰는 받침 보, 벽에 걸어 둔 옷들을 덮는 덮개 보도 모두 보자기야.

보자기는 혼인할 때 빼놓을 수 없는 예단이야. 신부는 사주단자를 싸는 사주보와 예단 보, 폐백 보, 붉은색과 푸른색이 어우러진 기러기 보를 꼭 준비했지. 기러기 보는 혼례상에 올리는 나무 기러기를 싸는 보자기인데, 붉고 푸른 비단에 아름다운 꽃수를 놓고 청실홍실을 늘어뜨려서 아주 화려해. 어머니가 한 땀 한 땀 정성 들여 만드는 보자기에는 시집가는 딸이 잘 살기를 바라는 마음이 담겨 있었지.

우리가 가위바위보 할 때 손가락을 쫙 펴서 내미는 보도 보자기를 뜻하는 거야. 보자기는 뭐든지 다 싸고 덮고 가려 주는, 마음 넓은 살림살이 같아.

상보

여름

여름

여름은 한 해 가운데 자연의 기운이 가장 많고 생명이 잘 자라는 계절이야. 나무마다 짙은 초록 잎사귀가 넘실거리고 꽃들은 색색이 피어서 아름다움을 뽐내지. 생명 있는 모든 것들이 새끼를 배고 자라고 살이 찌고 열매를 맺어. 여름의 뜨거운 햇빛과 굵은 빗줄기가 없다면 생명들은 자라지도, 열매를 맺지도 못할 거야.

입하(立夏)로 여름이 시작되면 못자리가 자리를 잡아 농사일이 점점 바빠져. 날씨가 따뜻해지면서 논밭에 잡초가 많이 올라오기 시작하면 김을 매야지. 처음에 나오는 잡초를 잘 매어 두어야 뒷일이 쉬워. 옛날 어른들은 논밭을 보고 주인이 얼마나 부지런한지 가늠했대. 게으른 농사꾼의 논밭에는 잡초가 우거지게 마련이라고 생각한 거지. 이 무렵에는 산과 들에 쑥이 가장 많이 돋아나. 오죽하면 쑥대밭이라는 말이 생겼을까. 하지만 몸에 좋은 쑥도 너무 쇠면 먹을 수 없으니까 어린 쑥만 골라서 뜯어야지. 쑥은 우리나라에서 아주 오래된 먹을거리야. 단군 신화에도 나오잖아. 백 일 동안 쑥과 마늘을 먹고 사람이 된 곰 이야기. 쑥은 쓰임새가 여러 가지야. 약으로 달여 먹고 뜸을 뜨기도 하지. 찜을 하거나 모깃불을 놓을 때도 쑥을 쓰고. 입하에 먹는 절기 음식에 쑥버무리가 있어. 어린 쑥을 쌀가루에 버무린 다음 찜통에 쪄 먹는 음식이야. 또 다진 쑥과 고기를 반죽해서 경단을 만들어 국을 끓여 먹었는데, 그것을 '애탕국'이라고 해. 초여름에 쑥을 많이 먹으면 한 해 동안 병에 걸리지 않고 건강하게 지낸대.

소만(小滿)은 만물이 점점 자라서 가득 찬다는 뜻이야. 이때 모내기를 시작하는데, 어린아이들과 기르는 개까지 일손을 돕는다고 할 만큼 바빠지지. 삼십 년 전만 해도 농촌에서는 모내기철에 학교를 잠시 쉬었어. 학생들이 농사일을 도와야 했으니까. 모내기를 하고 나면 한 해 농사의 반은 지은 셈이야. 이제는 때때로 김매 주고 물만 잘 대어 주면 되거든. 하지만 비가 알맞게 오고 햇볕이 뜨겁게 내리쬐는 것은 순전

히 하늘의 뜻이지. 그러니 농사란 사람이 짓지만 하늘이 돕고 땅이 내주어야 하는 우주의 협동 작업이기도 해. 가뭄이 드는 때라 논밭에 쓸 물을 모으려고 저수지를 만들고, 집에서는 빈 항아리를 있는 대로 내놓고 빗물을 받아 두었지. 모내기가 끝나면 씀바귀가 뻗어 오르고, 냉이는 누렇게 말라 죽으면서 보리가 익어. 슬슬 지난해 가을에 심은 보리를 거두기 시작하지. 옛날엔 먹을거리가 부족해지는 봄부터 보리를 거두기

전까지 시기를 보릿고개라고 했어. 가을에 마련한 양식을 봄까지 아껴 먹다가 바닥이 나면 나물과 나무뿌리로 겨우 끼니를 때웠대. 그마저 없으면 배를 곯는 때도 많았지. 보리가 익기를 기다리면서 이 어려운 보릿고개를 힘겹게 넘었다는 거야.

망종(芒種)은 보리 베기도 모내기도 다 끝나는 때야. 텃밭 채소 농사가 한창이라 일찍 심은 콩은 열매를 맺고 잎채소도 하나 둘씩 따기 시작하지. 풀숲에는 애호박이 하나 둘 열리고 밭두렁에 심은 호박도 넝쿨을 뻗으며 신나게 자라. 자연히 밥상에는 채소 반찬이 풍성해지지. 보리농사를 많이 짓는 남쪽 지방에는 망종에 풋보리를 베어다가 불에 그슬어 먹는 풍습이 있어. 그러면 이듬해 보리농사가 잘된다고 믿었어. 또 이날 벤 보리를 밤이슬에 적셨다가 다음날 먹으면 한 해 동안 아프지 않고 건강하게 지낼 수 있대. 풋보리 이삭을 뜯어 손으로 비벼서 보리알을 만든 다음 솥에 볶아서 맷돌에 갈아 체로 쳐 그 보릿가루로 죽을 끓여 먹는 풍습도 있어. 이렇게 하면 여름에 보리밥을 먹어도 배탈이 나지 않는다고 하지.

하지 즈음인 음력 오월 닷새 단오에는 행사도 많아. 수리취를 뜯어다가 떡을 해 먹고, 창포 잎 삶은 물로 머리를 감았어. 임금은 신하들한테 부채를 선물하고 백성들도 저마다 여름 맞을 준비를 했어. 단오가 되면 어머니들 손길이 바빠져. 마당에 멍석을 펴고 앉아 그동안 쓰던 놋그릇을 다 꺼내서 닦아야 하거든. 기왓장을 곱게 빻은 가루를 짚에 묻혀서 말이야. 반짝반짝하게 닦은 놋그릇을 궤짝에 넣고 나서 찬광에 넣어 두었던 사기그릇을 내오지. 하얀 사기그릇에 음식을 담으면 신선하고 시원해 보이니까 여름 그릇으로 제격이야. 단옷날에는 여인들이 그네를 뛰면서 담장 너머 세상을 구경했대. 남자들은 마당에 모여 씨름을 하면서 힘자랑을 했지. 단옷날은 온 동네가 마치 잔칫집 같았어.

하지(夏至)는 한 해 가운데 낮 길이가 가장 긴 날이야. 제대로 더워지기 시작하는 날이기도 하지. 하지가 다가오면 어머니들은 농이나 궤 속에 개켜 놓았던 모시와 베를 꺼내 손질해. 정성껏 풀을 먹이고, 올이 치지 않게 반듯이 접어서 밟고, 방망이질을 해서 다리는 모시옷이나 삼베 이불이면 무더운 여름도 거뜬히 날 수 있었지. 지난해 가을에 심은 햇마늘을 거두어 장아찌를 담그고 오이를 따서 오이지를 담갔어. 음식을 소금물이나 간장에 담가 놓으면 오래 두고 먹을 수 있어서 마늘종, 마늘 대, 통마늘, 양파들을 절여 놓았다가 장마철부터 먹기 시작했지. 이 무렵에 막 햇감자를 캐기 시작해서 '하지 감자' 라고 이르기도 해. 하지까지 날이 가물면 동네마다 기우제를 지냈어. 물이 많이 필요한 논농사를 짓는 농부들은 비가 알맞게 오는 게 늘 소원이었거든.

소서(小暑)는 작은 더위라는 뜻인데, 이때부터 무더위가 시작돼. 장마 전선이 만들어지면서 후텁지근한 더위가 몰려오지. 갖가지 채소가 나오고 과일이 익어 가니 먹을거리는 풍성해져. 퇴비를 마련하고 둑에 자라난 풀을 깎아. 장마에 대비해서 둑을 손질하고 물꼬를 잘 터놓기도 해. 집 안에서도 비 새는 곳이 없는지 살피고 지붕을 손보는 거야. 장마철에는 채소가 나지 않기 때문에 미리 장아찌나 곡식을 준비하고 감자나 양파 들도 잘 갈무리해 두어야 해.

대서(大暑)에는 '큰 더위' 라는 이름만큼 덥기도 하면서 큰비가 쏟아져. 참외나 수박 같은 여름 과일은 물론 채소도 풍성하지. 대서는 중복하고 겹치기도 해. 우리나라에서는 옛날부터 여름철 가장 더운 날을 초복, 중복, 말복이라 하고 복날 음식을 해 먹었어. 삼계탕이나 육개장, 추어탕, 장어탕처럼 단백질이 풍부한 음식을 먹으면서 영양을 보충했지. 땀을 많이 흘리는 계절인 만큼 짭짤한 음식도 많이 먹었어. 특히 밀가루에 된장이나 고추장을 넣고 반죽해서 장떡을 많이 부쳐 먹었지. 땀을 너무 많이 흘리면 쉽게 지치니까 짠 음식을 먹고 땀을 덜 흘리려고 지혜를 짜낸 거야. 그동안 농사일에 바빴던 사람들이 장마철에는 잠시 일을 접고 집 안에서 쉬었어. 냉장고도 없었던 시절에 여인네들은 하루걸러 한 번씩 열무김치를 담갔어. 열무가 잘 익으면 꽁보리밥에 비벼 먹기도 하고 국수에 말아 먹기도 했지. 아이들은 붉은 봉숭아꽃을 따다가 소금을 넣고 짓이겨서 손톱에 감고 잤어. 다음 날 아침에 일어나 보면 손톱에 예쁜 봉숭아물이 들어 있었지. 너무 더워서 잠이 오지 않는 밤이면 온 가족이 평상에 둘러앉았어. 마당에 모깃불을 피우고 밤하늘을 바라보며 두런두런 얘기를 나누었지. 할아버지가 죽부인을 끼고 잠이 드시면 할머니는 손자들이 잠들 때까지 부채질을 해 주셨어.

온 세상이 푸른빛으로 덮이는 여름날에는 부족한 것이 없는 듯해. 이 세상에는 여름만 계속되는 나라도 있고 겨울만 계속되는 나라도 있어. 하지만 우리나라는 봄, 여름, 가을, 겨울 뚜렷한 사계절이 있는 나라여서 모든 살림이 계절마다 조금씩 다르고

하는 일도 나뉘어 있어. 가만 생각하면 참 복된 땅이야. 새싹이 움트는 봄과 자라서 푸르게 익어 가는 여름, 단풍이 아름답게 지고 풍요로운 수확을 거둘 수 있는 가을과 눈이 소복이 내려 모든 것이 쉴 수 있는 겨울이 있으니 말이야. 특히 여름 살림은 한껏 짙푸른 산과 들에서 열심히 일하고 먹고 쉬는 것으로 충분히 제 몫을 하는 것 같아. 개미와 베짱이가 주는 교훈처럼 열심히 일한 사람은 편히 쉴 수 있다는 희망을 주는 계절이 바로 여름이지.

우물가

두레박

두레박은 우물에서 물을 길어 올릴 때 쓰던 바가지야. 지방에 따라 두룸박, 드레박이라고 부르기도 해.

수도 시설이 없던 옛날에는 땅을 파서 만든 우물에서 물을 길어 썼어. 우물을 만들려면 먼저 물이 나올 때까지 땅을 깊이 판 다음, 사람이 빠지거나 더러운 것이 들어가지 않게 둘레에 돌담을 높이 쌓아야 해. 그리고 위에는 나무로 짠 뚜껑을 덮었지. 이렇게 깊이 판 우물에서 물을 퍼 올리려면 긴 줄에 매단 두레박이 있어야겠지? 처음에는 큰 바가지에 나무를 가로질러 박고 긴 줄을 매달아 두레박을 만들었어. 그러다가 바가지 대신 널빤지나 양철로 삿갓 꼴이나 둥근 통처럼 생긴 두레박을 만든 거야. 두레박은 바닥이 좁고 위로 갈수록 넓어지는데, 그래야 물 위에 잘 엎어져서 물을 담기 쉬워.

시골에는 마을마다 여럿이 함께 물을 길어 쓰는 우물이 있었어. 우물가에는 늘 여러 사람이 북적거렸지. 물동이를 이고 물 길러 나온 처녀, 반찬거리 할 푸성귀를 함지에 담아 와서 씻는 아낙네, 지나가다 목을 축이러 들른 나그네 ……. 우물가는 동네 여인들의 이야기 터가 되기도 하고 바깥세상 소식을 전해 들을 수 있는 창구가 되기도 했어. 동네에 무슨 일이 생기면 우물가에서부터 금세 소문이 퍼져 나갔지. 물 긷는 일이 힘들기는 했지만, 아낙네들이 이웃과 만나 이야기하고 바깥소식을 들을 수 있는 즐거움도 있었을 거야.

여자아이들은 예닐곱 살만 되면 작은 물동이를 이고 물을 길어 나르는 연습을 했어. 사는 데 없어서는 안 될 물인 만큼 그것을 길어 나르는 것도 큰일이었지. 그래서 부엌에 놓인 물두멍에 물이 얼마나 차 있는지를 보고 그 집 안주인이 얼마나 부지런한지 가늠하기도 했대. 어머니들이 지칠 줄 모르고 두레박으로 물을 길어 올리던 힘은 아마도 가족을 사랑하는 마음에서 나온 것이 아닐까?

바가지

바가지는 물, 곡식, 장 같은 것을 푸거나 담을 때 쓰는 그릇이야. 대개 박으로 만들지만 박이 잘 열리지 않은 해에는 나무로도 만들어 썼다고 해. 박 바가지는 박을 반으로 타서 속을 파내어 삶아서 만들고 나무바가지는 통나무를 둥글게 깎아 만들어. 나무바가지를 만들 때 손잡이까지 깎기도 했어.

바가지는 쓰임새가 여러 가지야. 물을 푸는 물바가지, 쌀을 퍼내는 쌀바가지, 소먹이를 뜨는 쇠죽바가지, 장독에 두고 간장을 뜨는 장조랑 바가지……. 또 우물가에는 오가는 사람들이 쓸 수 있게 늘 바가지 하나가 놓여 있지. 강원도 지방에서는 바가지에 구멍을 내고 밀가루 반죽을 담아 눌러서 국수를 뽑기도 해. 제주도 해녀들은 물속에 들어갈 때 바가지를 가지고 갔대. 이 바가지를 물에 뜨는 도구로 썼다는 거야. 뿐만 아니라 고려 시대에는 바가지로 생황이라는 악기도 만들었어.

바가지에는 나쁜 일을 막아 준다는 뜻도 있어. 혼인하려고 사주를 보낼 때 바가지를 엎어 놓고 발로 밟아 깨뜨려 소리를 내고, 혼인 날 신부가 탄 가마가 신랑 집 문 앞에 다다르면 박을 가져다가 깨뜨렸어. 바가지가 깨지는 소리로 잡귀를 쫓아내려는 거래. 옛날에 돌림병이 돌 때에도 바가지를 득득 긁었대. 시끄러운 소리에 귀신이 도망가게 하려던 거지.

옛 살림살이들을 살펴보면 어쩌면 그렇게 자연에서 나온 것들을 잘 만들어 썼을까 감탄하게 돼. 여린 박은 쪼개서 씨를 파낸 다음 나물로도 볶아 먹고 찌개도 끓이고 말린 박 오가리는 졸여 먹기도 해. 껍질까지 잘 말려서 그릇으로도 쓰니, 아무것도 버리지 않고 다 쓰는 것이, 자식을 위해 모든 걸 다 바치는 어머니나 할머니의 마음을 꼭 닮은 것 같아. 박은 우리에게 '아낌없이 주는 나무'였던 셈이야.

박 바가지

나무바가지

물동이

물을 길어 나르는 데 쓰던 작은 항아리를 물동이라고 해. 오지그릇이나 질그릇으로 만드는데, 지방마다 생김새나 크기가 조금씩 달라. 중부 지방 물동이는 아가리가 넓고 배가 불룩하면서 둥근데 밑 부분은 좁아. 양쪽에는 둥근 손잡이가 달려 있지. 남부 지방 물동이는 아가리부터 밑 부분까지 길고 곧은 꼴이야. 몸통 가운데에는 넓적하고 우묵한 손잡이가 달려 있어. 크기는 한 말들이가 가장 많았어. 술이나 팥죽 같은 것을 셀 때 한 동이, 두 동이 하고 세잖아. 이 '동이' 라는 말은 한 말들이 물동이를 가득 채울 만한 양이라는 말이야. 한 말들이가 얼마쯤 되는지 잘 모르겠지? 한 말이 18리터쯤 되니까, 우리가 쉽게 볼 수 있는 1.5리터 음료수 열두 병이 들어간다고 보면 돼.

예전에는 여자가 물동이를 머리에 이고 다니는 모습을 흔히 볼 수 있었어. 물 긷는 일은 여자가 해야 할 가장 중요한 일 가운데 하나였거든. 예닐곱 살쯤 된 어린 여자아이들은 '수박동이' 라는 작은 항아리를 가지고 물 긷는 연습을 했어. 항아리가 수박처럼 동그랗다고 해서 붙은 이름이래. 물을 길어 나를 때에는 물동이 안에 바가지를 엎어 놓거나 호박잎을 띄워. 그러면 물동이를 이고 걸을 때 물이 출렁거려 넘치는 것을 막을 수 있어.

뱀이 둥글게 몸을 감고 있는 것을 보고 '똬리를 튼다' 고 하지. 똬리는 물동이처럼 딱딱한 물건을 일 때 머리에 받치는 도구야. 물건을 그냥 머리에 얹으면 아프기도 하고 머리 위가 판판하지 않아서 짐이 흔들리잖아. 그런데 밑에 똬리를 받치고 짐을 이면 무거운 짐도 훨씬 쉽게 나를 수 있어. 짚이나 헝겊 들을 고리처럼 둥글게 틀어서 만드는데, 왕골, 골풀, 죽순 껍질 같은 것으로 곱게 싸기도 해. 앞쪽에는 삼이나 짚으로 된 끈을 달아. 머리에 똬리를 얹고 이 끈을 입에 물면 짐을 이다가 몸이 기울어져 똬리가 머리에서 떨어지는 것을 막을 수 있지.

똬리는 지방에 따라 '또가리', '또개미', '또바리', '또아리' 라고 달리 이르기도 해. 물동이나 광주리, 함지박 같은 것을 머리에 일 때 꼭 필요한 살림살이지.

방구리

'풀 방구리에 쥐 드나들듯 한다' 는 속담 아니? 방구리에 쌀이나 밀가루로 쑨 풀을 담아 두면 쥐가 풀을 먹으러 자꾸 방구리를 들락거린대. 어느 곳에 자주 드나드는 모습을 빗대어 이르는 말이야. 본래 방구리는 물을 길어 나르거나 음식을 담아 두던 작은 항아리야. 집집마다 두세 개쯤 두고 흔히 쓰던 살림살이지. 물동이보다 조금 작은데 배가 부르고 양쪽에 손잡이가 달려 있는 것이 비슷해. 본래 뚜껑은 없지만 크기가 맞는 작은 항아리 뚜껑을 덮어 두기도 했지.

방구리는 질방구리와 오지 방구리가 있어. 질방구리는 가볍지만 오래 두면 물이 배어 나와서 물기 있는 먹을거리는 담지 않았어. 작고 가벼워서 물을 길어 나르는 항아리로 많이 썼는데, 흔히 물 긷는 일에 익숙하지 않는 처녀나 새색시가 썼지. 오지 방구리는 질방구리보다 무겁지만 튼튼하고 물이 배어 나오지 않아서 나박김치, 기름, 엿, 떡 같은 것을 담아 두었어. 음식을 오지 방구리에 넣고 한지로 아가리를 막거나 항아리 뚜껑을 덮어 두면 상하지 않게 오래 둘 수 있었어. 또 술을 담아 두기도 하고, 도토리나 감자를 오래 물에 담가 묵이나 엿을 만드는 녹말을 얻는 데도 썼지.

방구리 하면 할머니가 해 주시던 맛있는 감자떡이랑 도토리묵이 생각나. 여름에 먹던 감자가 오래되어 썩어가거나 싹이 나려고 하면, 할머니는 감자 껍질을 벗겨 내어 방구리에 담고 물을 채워 두시곤 했지. 며칠을 그대로 두면 감자가 물에 녹아서 바닥에 뽀얀 가루가 가라앉아. 물을 따라 내고 이 가루를 볕에 말리면 뽀득뽀득한 녹말이 되지. 그러면 할머니는 이 녹말을 반죽해서 감자떡을 해 주셨어. 또 가을이 되면 산에서 도토리를 주워 오셔서는 껍질을 까고 가루를 내셨어. 그 가루를 물에 담가 떫은맛을 우려내고는 다시 빻는 거야. 긴긴 겨울밤에 도토리 가루로 묵을 쑤어 김치를 곁들이면 맛있는 묵사발이 되지. 이제는 할머니도 돌아가시고 방구리도 어딘가로 사라졌지만, 아줌마 마음속 할머니 방구리에는 늘 무언가가 한가득 담겨 있어.

물두멍

콩쥐팥쥐 이야기 알지? 새엄마는 친딸인 팥쥐만 예뻐하고 날마다 콩쥐를 구박했어. 하루는 마을 잔치에 가면서 콩쥐한테 큰 독에 물을 가득 담아 놓으라고 시켰지. 콩쥐는 하루 종일 물동이를 이고 물을 퍼 날랐지만 밑 빠진 독에 물이 찰 리가 있나. 콩쥐가 너무 속상해서 울고 있을 때 어디선가 두꺼비 한 마리가 나타나서 독 안에 들어가 구멍 난 곳을 막아 주었어. 덕분에 콩쥐는 금세 독을 가득 채우고 마을 잔치에 갈 수 있었다는 그 얘기.

이렇게 물을 담아 두는 큰 항아리를 물두멍이라고 해. 옛날에는 우물이나 샘이 부엌에서 멀리 떨어져 있거나 집 밖에 있어서 집집마다 물을 길어다 채워 놓고 썼거든. 이 물을 퍼서 밥도 짓고 설거지도 했지. 물두멍은 아가리보다 밑이 조금 좁고 배가 불룩하게 생겼어. 그리고 양쪽에는 손잡이가 달려 있지. 더러운 것이 들어가지 않게 나무판으로 뚜껑을 만들어 덮거나 가는 대로 곱게 짠 발을 덮어 놓기도 해. 물은 살아가는 데 꼭 필요해서 어느 집이든 미리미리 우물에서 길어다가 넉넉하게 담아 두었어. 그래서 물을 담아 두던 살림살이가 많았지. 부뚜막에 걸어 두고 물을 담아 두는 커다란 두멍 솥도 있었어.

물을 담아 두면 물속에 있던 먼지가 바닥에 가라앉아 깨끗한 물을 뜰 수 있어. 물을 조금씩 길어다가 담아 두고 쓴 데에는 물을 아껴 쓰자는 뜻도 담겨 있다고 해.

우리 조상들은 물뿐만 아니라 다른 살림도 앞서 마련해 두었어. 집을 짓거나 이사를 가면 대들보 위에 성주독을 아주 소중하게 모셨지. 이 독에는 쌀이나 보리를 넣어 두었다가 전쟁이 나거나 가뭄이 들어 먹을 것이 없을 때 꺼내 썼다고 해. 미리미리 준비해서 힘든 일을 이겨 냈던 조상들의 지혜를 엿볼 수 있지.

물지게

물지게는 물을 길어 나르는 데 쓰는 지게야. 거름을 담아 나르는 거름지게랑 비슷하게 생겼지. 널빤지로 등판을 대고 위쪽에 나무 막대기를 가로로 길게 박은 다음 양 끝에 새끼줄을 매어서 만들어. 줄 끝에는 물통을 걸 수 있게 쇠붙이나 나무로 만든 갈고리를 달아. 나무나 양철로 만든 물통에는 튼튼한 손잡이를 달아서 지게 갈고리에 걸고 다닐 수 있게 했어. 등판에 달린 짚 멜빵을 어깨에 메고 서면 물이 넘치지 않게 균형을 잘 잡고 걸어야 해. 물통이 갈고리에 걸려 있어 잘 흔들리는데다가 뚜껑도 없어서 조금만 발을 헛디뎌도 물이 흘러넘치기 십상이지.

예전에는 집집마다 우물이 없어서 샘물이나 우물물을 길어다 쓰거나 물장수한테 물을 사서 써야 했어. 특히 산이나 언덕같이 높은 곳에 사는 사람은 물을 구하기가 쉽지 않아서 물장수가 언제나 반가운 손님이었지. 물장수는 물통을 물지게에 매달아 지거나 수레에 싣고 다니면서 물을 팔았어. 백 년 전에는 물 한 지게, 그러니까 물통 두 개분 물 값이 20전쯤 했대. 한 식구가 하루에 쓰는 물 양이 스무 지게쯤 되고 물장수 한 사람이 하루 동안 서른 집에 물을 지고 날랐다고 하니, 물장수 벌이가 제법 좋았던 셈이지. 그래서 그때엔 물장수가 인기 있는 직업이었대. 물지게꾼을 하려면 나라에서 허가를 받아야 했다는 기록도 남아 있어.

이제는 수도꼭지만 틀면 물이 콸콸 쏟아져 나오는 세상이라 물장수라는 직업도, 물지게도 어느새 모습을 감추었어. 그래도 물을 귀하게 여기고 아껴 쓰는 마음은 그대로 간직했으면 해.

여름 채비_놋그릇 갈무리

여름 채비_그릇 닦기

살강

요즘 부엌에는 붙박이장이 있지? 방 크기나 쓰임새에 맞게 잘 짜 넣은 붙박이장이 있으면 살림살이를 넣어 두고 꺼내 쓰기가 쉬워. 하지만 예전에는 붙박이장이 없어서 부엌에는 늘 쓰는 살림살이만 두고 가끔 쓰는 것은 찬광에 따로 두었어.

살강은 날마다 쓰는 그릇을 얹어 놓으려고 부뚜막이나 조리대 위쪽 벽에 드린 선반이야. 우리네 전통 부엌에서 부뚜막과 아궁이는 물론이고 살강도 꼭 필요한 살림살이였어.

살강은 흔히 통나무를 켜서 만들어. 긴 나무판에 버팀대를 받쳐서 벽에 붙이는 거야. 나무판 대신 대나무를 엮어서 만들기도 해. 설거지한 그릇을 대나무 살강에 올려놓으면 물기가 더 잘 빠지지. 살강 위쪽에 다른 살강을 하나 더 놓기도 하는데, 여기에는 흔히 소반을 얹어 놓았어.

살강은 쓰임새가 여러 가지야. 음식을 만들 때 조리대로 쓰기도 하고 장아찌나 김치 한두 가지를 올려놓고 밥상처럼 쓰기도 했어. 살강 위에는 먹고 남은 찬밥이나 반찬 한두 가지가 얹혀 있어서 출출할 때 집어 먹곤 했지.

달걀부침을 할 때면 어릴 적 살강 위에 놓여 있던 달걀부침 한 접시가 떠올라서 빙그레 웃음이 나. 그때는 소풍 가는 날처럼 아주 특별한 날이 아니면 달걀을 구경하기가 힘들었어. 한번은 집에 갑자기 손님이 오신 거야. 손님한테 낼 밥상을 차리려고 어머니는 깊이 넣어 둔 달걀을 꺼내 파를 송송 썰어 넣고 달걀부침을 하셨어. 그런데 학교에서 막 돌아온 아이가 부엌 살강 위에 놓인 먹음직스러운 달걀부침을 보고는 어머니한테 물어보지도 않고 덥석 집어 먹어 버렸어. 어머니는 화가 머리끝까지 나서 아이를 무척 혼내셨고 아이는 징징 울면서 부엌을 나갔어. 그 아이가 누군지 말 안 해도 알겠지?

찬탁

찬탁은 그릇 넣어 두는 부엌 가구 가운데 하나야. 문 없는 찬장이라고나 할까. 두툼한 층널과 기둥으로만 이루어져 있어서 앞, 뒤, 옆이 다 뚫려 있는데 언뜻 보면 책장처럼 생겼어. 끼니때마다 찬장 문을 여닫으면서 그릇을 꺼내는 것이 불편하니까 자주 쓰는 그릇은 문이 없는 찬탁에 두고 썼어. 바람이 잘 통해서 음식을 놓아두기도 하지. 부엌에서 쓰는 가구는 물기에 잘 견디고 튼튼해야 해. 그래서 흔히 소나무나 밤나무로 만들고 물기가 닿으면 녹이 스는 쇠 장식은 잘 쓰지 않았어. 생김새도 소박하고 꾸밈이 없지. 세 단으로 된 찬탁이 가장 많은데, 경기 지방에서는 찬탁 가운데 단에 여닫이나 미닫이 문짝을 달기도 했어.

찬탁에 그릇을 정리할 때도 방법이 있어. 가운데 부분, 그러니까 손이 가장 잘 닿는 데에 가장 많이 쓰는 그릇을 넣는 거야. 주발, 대접, 사발, 접시 들이 무겁지 않으면서 자주 쓰는 그릇이지. 아래에는 단지와 놋쇠로 만든 쟁반이나 대접, 주전자나 술병처럼 무거운 살림살이를 넣어 둬. 무거운 것과 잘 깨지는 것은 아래쪽에 두어야 안전하니까. 맨 위에는 가볍고 잘 안 쓰는 살림살이를 얹어 놓는 거야. 바구니나 소쿠리 같은 것을 겹쳐 놓기도 하고 손님이 오면 쓰는 상이나 함지박 같은 것을 올려. 자잘한 양념 단지나 술잔들도 위에 얹어 놓고 쓰지. 이렇게 같은 살림살이라도 어디에 두고 쓰는지에 따라 살림을 쉽고 편하게 할 수 있었어.

날마다 쓰는 그릇이나 음식들을 놓아두던 찬탁은 어머니 손때가 가장 많이 묻은 살림살이기도 해. 집에 와서 엄마 다음으로 찾는 것이 바로 찬탁이었어. 학교 끝나고 돌아왔을 때 집에 엄마가 없으면 부엌에 들어가서 찬탁 위를 뒤지지. 고구마나 감자 삶은 것을 대접에 담아 두시거나, 떡을 쪄서 보자기로 덮어두시곤 했거든. 그것들을 먹으면서 출출한 속을 달래고 있으면 곧 엄마가 오셨어.

그릇

밥은 주발에 담고, 국은 대접에 담고, 간장은 종지에 담고, 나물은 접시에 담고, 김치는 보시기에 담는다. 이것이 우리 전통 상차림 기본 원칙이야. 우리는 서양 사람들처럼 접시 하나에 이것저것 같이 담아 먹지 않고, 각기 정해진 제 그릇에 음식을 담아 먹었어. 생김새도 다르고 쓰임새도 다른 여러 그릇으로 먹기 좋고 보기 좋은 상을 차려 냈던 거야.

주발은 남자가 쓰는 밥그릇이야. 바닥은 좁고 위로 갈수록 점점 넓어지면서 뚜껑이 있지. 지방에 따라 생김새가 조금씩 달라. 북쪽 지방 것은 공처럼 몸통이 부르고 아가리가 좁으면서 높이는 좀 낮은데, 남쪽 지방 것은 몸통이 둥근 통처럼 생겼고 아가리가 벌어져 있으면서 높이가 높은 편이야. 여자들이 쓰던 밥그릇은 **바리**라고 해. 바닥부터 배까지는 봉긋하고 아가리가 좁은데 뚜껑에는 꼭지가 달려서 생김새부터 곱고 참한 그릇이지.

대접은 주발보다 크고 넓은 국그릇이야. 밥과 국이 기본인 우리 밥상에서 주발과 대접은 늘 함께하는 한 벌짜리 짝꿍 그릇인 셈이지. 대접은 국이나 숭늉을 담아 먹기 편하게 아가리는 넓고 바닥은 좁게 만들어. 흔히 사기로 만들고 놋, 은, 백통, 나무로 만들기도 해. 크기가 여러 가지여서 가장 큰 연잎 대접은 할아버지나 아버지가 쓰시고, 중간 크기는 어머니, 작은 대접은 어린아이가 썼대.

합은 동글납작하고 뚜껑이 있는 그릇이야. 밥, 떡국, 찜처럼 따뜻한 음식을 담을 때 쓰지. 흔히 놋쇠로 만드는데 사기로 만든 것도 있어. 생김새가 주발과 닮았지만 높이가 더 낮고 크기도 여러 가지야. 크기에 따라 큰 합, 중합, 작은 합, 알합으로 나누어지지. 큰 합에는 떡이나 양이 많은 밥을 담고, 중합에는 국수장국이나 떡국 같은 한 그릇 음식을 담아. 작은 합에는 밥이나 반찬을 담고, 알합에는 달걀찜을 담지.

주발

바리

대접

합

아주 크게 만든 합은 밥통으로도 썼대.

접시는 음식을 먹기 좋게 담아 놓는 납작한 그릇이야. 여러 가지 재료로 만들어서 청자나 백자 접시는 물론이고 청동, 철, 은, 유리, 나무로 만든 접시도 있어. 굽이 있는 접시는 제사 지낼 때 제물을 괴는 데 쓰고 굽이 없는 것은 밥상에 올랐지. 예전에는 반찬을 담는 종지나 보시기가 따로 있어서 지금처럼 접시를 많이 쓰지는 않았다고 해.

종지는 밥상에 오르는 그릇 가운데 가장 작은 그릇이야. 간장, 초간장, 고추장, 초고추장 같은 장을 담아서 상에 올리지. 흔히 놋쇠나 사기로 만들고 나무로 만들기도 해. 뚜껑이 있는 것도 있어. 우리 전통 상차림에서는 반찬 가짓수인 첩 수에 따라 상에 오르는 종지 수도 달라져. 3첩 반상에는 간장 종지 하나, 5첩 반상에는 간장 종지와 전을 찍어 먹는 초간장 종지, 7첩 반상에는 간장 종지, 초간장 종지에 회를 찍어 먹는 초고추장 종지를 더 놓았지.

막사발은 바닥은 좁고 아가리는 넓게 만들어 밥, 국, 물, 술을 가리지 않고 뭐든지 담을 수 있어. 사기그릇 가운데서도 질이 낮아서 '마구' 쓸 수 있지. 새 그릇일 때는 밥그릇, 국그릇으로 쓰다가 오래되어 때가 끼고 금이 가면 막걸리도 담아 마시고, 더 쓰다가 귀가 빠지면 개 밥그릇으로 쓰기도 해. 날렵한 맵시를 지닌 건 아니지만 그 은은하고 꾸밈없는 생김새가 보는 사람 마음을 편안하게 해서 누구나 부담 없이 쓰는 그릇이야.

보시기는 김치나 찌개처럼 국물이 있는 반찬을 담는 그릇이야. 동치미나 나박김치처럼 국물 있는 김치와 생선조림, 찜 같은 국물이 잘박한 음식도 담을 수 있어. 대접보다 조금 작은데 배가 동그랗게 나왔고 밑에는 굽이 달렸어. 놋쇠나 사기로 만드는데 뚜껑이 있는 것도 있고 없는 것도 있지. 국물까지 담을 수 있게 속이 깊고 불룩한 보시기는 어떤 반찬 그릇보다도 넉넉하고 아늑한 그릇인 것 같아.

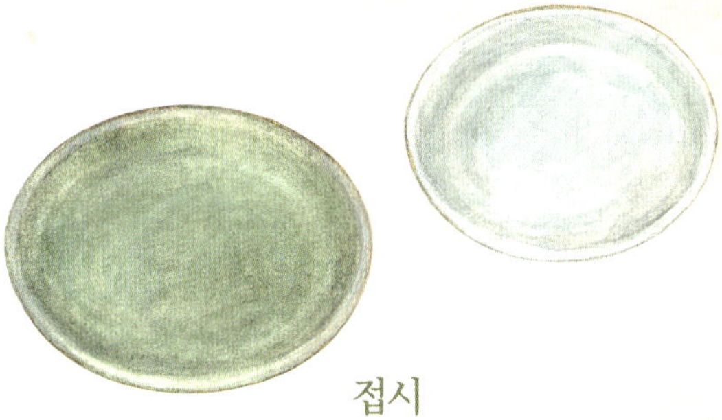

접시

종지

막사발

보시기

신선로

아주 귀한 손님을 맞을 때나 특별한 날 만드는 요리가 뭘까? 그건 바로 신선로야. 신선로는 본래 궁중에서 먹던 음식인데, 신선이 먹을 만큼 맛있다고 해서 이런 이름이 붙었대. '열구자탕' 이라고도 부르는데, 이 말도 '입을 즐겁게 해 주는 음식' 이라는 뜻이야. 얼마나 맛있고 귀한 음식인지 짐작이 가지? 이 신선로를 담는 그릇 이름도 '신선이 쓰는 화로', 신선로라고 해. 놋쇠를 두드리는 방짜 기법으로 만드는데, 음식을 담는 그릇, 손잡이가 달린 뚜껑, 그릇을 올려놓는 굽, 굽 받침, 이렇게 네 개가 한 짝이야. 그릇 한가운데에는 숯을 담아 두는 화통이 있어.

신선로는 들어가는 재료도 많고 만드는 시간도 오래 걸려서 집에서 흔히 해 먹지는 않아. 신선로를 파는 식당도 별로 없고. 아줌마도 혼인하고 나서야 시어머니께 신선로 만드는 법을 배웠어. 먼저 갖가지 채소와 해물로 여러 빛깔 전을 부치고, 호두 같은 견과와 채소를 잘 손질해서 고명을 만들어. 신선로에 양념한 불고기를 깔고 전을 돌려 담은 다음 그 위에 오색 고명을 빙 두르고 그 위에 완자와 견과로 장식을 해. 마지막으로 육수를 붓고 끓이면 되지. 하도 보기 좋아서 눈으로 반은 먹는 셈이야. 불에 올려 전골이 끓기 시작하면 상에 내는데, 화통에 달군 숯덩이를 한두 개쯤 넣으면 삼십 분은 족히 식지 않아서 끝까지 따뜻하게 먹을 수 있어. 맛이 어떤지 궁금하지? 먹어 봐야 알겠지만 한 마디로 말하면 기가 막힌 맛이야. 깊고 구수한 고깃국 맛에 시원한 해물과 싱싱한 채소 맛이 어우러져 환상적인 조화를 이루지. 거기다가 맛있는 고기와 해물을 하나하나 집어 먹는 재미까지. 오죽하면 신선이 먹는 음식이라고 했을까. 말만 들어도 군침이 돌면서 먹고 싶어지지 않아?

수세미

수세미는 설거지할 때 그릇을 닦는 도구야. 옛날에는 집집마다 마당에 수세미외를 한두 포기씩 길러서 그 열매로 수세미를 만들어 썼어. 다 자란 수세미외 열매 속에는 그물처럼 생긴 섬유질이 들어 있는데, 열매가 잘 익을수록 더욱 질겨지지. 열매가 다 익으면 따서 껍질을 벗기고 씨를 빼내. 그러고 나서 끓는 물에 살짝 삶아서 말려. 그러면 그물 같은 섬유질만 남게 되는데 그것을 수세미로 쓰는 거야. 수세미가 없을 때에는 짚을 뭉쳐서 쌀뜨물을 묻혀 그릇을 닦기도 했어. 짚은 놋그릇을 닦을 때 특히 잘 쓰이는데, 곱게 빻은 기와 가루를 묻혀서 박박 문질러 닦으면 시퍼런 녹이 깨끗이 없어지고 놋그릇에서 반들반들 윤이 나지.

이제는 설거지할 때 쓰려고 수세미외를 기르지는 않아. 그렇지만 여름에 덩굴이 지는 것을 보려고 심기도 하지. 기둥을 타고 올라가는 덩굴에 넓적한 수세미외 잎이 가득 매달리고 길쭉한 열매가 아래로 축축 늘어지면서 열려. 한여름 땡볕에 지쳐 있을 때 그 모습을 보기만 해도 시원한 느낌이 들걸. 또 수세미외 줄기를 자르면 수세미 즙이 나오는데, 전에는 그것을 기침약이나 열 내리는 약으로도 쓰고 살갗이 고와지게 얼굴에 바르기도 했어. 지금도 화장품을 만들 때 수세미 즙을 넣는다고 해.

예전에는 집에서 쓰는 살림살이를 대부분 자연에서 얻을 수 있는 것으로 만들어 썼어. 수세미만 봐도 알 수 있지. 요즘 아이들한테 아토피나 알레르기가 많은 것은 환경이 오염되고 화학 성분이 많은 물건을 써서 그렇대. 이런 자연에서 얻은 살림살이를 쓴다면 우리 몸도 건강해질 거야. 아줌마도 이번 봄에는 마당 한쪽에 수세미외와 박을 심어 볼까 해. 열매가 맺으면 수세미도 만들고, 바가지도 만들 거야. 그러면 환경도 보호할 수 있고 몸도 건강해지고 살림살이도 얻고 여름도 시원하게 보낼 수 있겠지. 와, 생각만 해도 기분이 좋아지는걸.

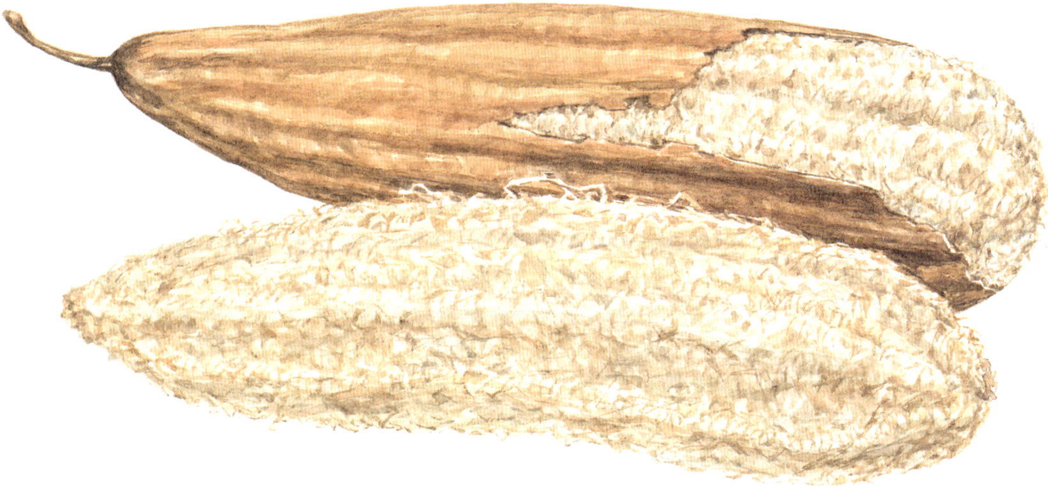

국수 먹는 날

밀판과 밀방망이

밀판과 밀방망이는 곡식 가루를 반죽해서 칼국수나 만두 같은 것을 해 먹을 때 쓰는 살림살이야. 반죽을 얇게 밀려면 도마처럼 생긴 밀판과 방망이가 필요하지. 밀판은 통나무로 만드는데, 단단한 박달나무나 참나무를 많이 써. 큰 도마 두세 배는 족히 될 만큼 크게 만들어서 위에 반죽을 놓고 밀방망이를 굴리면 얇고 넓게 밀 수 있어. 밀방망이는 밀판 너비에 알맞게 만들면 돼.

밀판과 밀방망이가 보이는 날에는 늘 신이 났어. 맛난 음식을 먹는다는 신호잖아. 아줌마네 집에서는 국수를 많이 만들어 먹었어. 날씨가 으스스하니 곧 비라도 올 것 같은 날이면 할머니는 항아리에서 멸치 한 줌을 집어 들고 나오시지. 아궁이에 솥을 걸어 불을 피우고 장국이 끓기를 기다리면서 밀가루 반죽을 하셨어. 그리고 밀판과 밀방망이를 꺼내 오시는 거야. 주먹만 한 반죽을 살살 밀면 조금씩 커지다가 요술처럼 밀판 가득 넓게 퍼져. 그러면 할머니는 얇게 편 반죽에 밀가루를 바르고 돌돌 말아 칼로 썬 다음 툭툭 털어서 끓는 장국 속에 집어넣으셨어. 파, 고추, 호박 들을 채 썰어 넣고 끓인 할머니 표 국수는 몇 그릇을 먹어도 질리지 않을 만큼 맛있었어. 후루룩 쩝쩝. 그때 그 국수를 떠올리면 아직도 입 안에 침이 고인다니까. 참고로, 이렇게 반죽을 밀어서 가늘게 채 썰어 만든 국수를 '칼국수' 라고 하고 보통 국수보다 가락이 굵고 넓은 국수를 '낭화' 라고 해.

여름에는 '편수' 라는 만둣국을 만들어 먹곤 했어. 먼저 호박, 오이에 양념한 버섯이나 고기를 채 썰어 볶는 거야. 그리고 밀판에 반죽을 밀어서 만두피를 만들어. 네모나게 잘라 낸 만두피 속에 미리 볶은 소를 넣고 네 모서리가 가운데에서 만나게 붙이면 네모진 만두가 만들어지지. 이 만두를 찜통에 쪄서 차갑게 식힌 고깃국에 띄워 먹으면 여름철 불볕더위도 싹 날아가 버렸어.

국수틀

국수틀은 곡식 가루 반죽을 공이로 눌러서 국수를 뽑아내는 틀이야. 지렛대 원리를 써서 힘을 덜 들이고도 국수를 많이 뽑을 수 있게 만들었지. 국수틀은 국숫분통이 있는 받침대, 공이를 끼워 넣은 누름대, 이 나무판 두 개를 이어 주는 지지대로 이루어져. 솥 위에 틀을 걸고 국숫분통에 반죽을 넣은 다음 누름대를 힘주어 누르면 국수 가락이 구멍으로 빠지면서 펄펄 끓는 장국에 떨어지는 거야. 국수가 나오는 족족 바로바로 삶아 낼 수 있으니 참 편하지. 평안도 사람들은 국수나 냉면을 좋아해서 집집마다 나무로 짠 국수틀을 갖추고 국수가 먹고 싶을 때마다 뽑아 먹었대.

고려 시대에는 절 가까이에서 국수 파는 사람들이 꽤 많았대. 그래서 국수틀도 만들어 썼을 것 같은데, 안타깝게도 전해지는 자료나 기록이 없어. 국수틀에 대한 기록은 이백여 년 전《임원경제지(林園經濟志)》<섬용지(贍用志)>에 실린 것이 처음이야. 여기서는 '큰 통나무를 중간이 부르도록 잘 다듬어서 구멍을 뚫는다. 구멍 지름은 4~5치인데 이 구멍 안을 무쇠로 싸고 그 바탕에 작은 구멍을 무수히 뚫는다.' 라고 국숫분통 만드는 법을 일러 주고 있어.

국수는 만드는 재료에 따라 밀국수, 메밀국수, 감자국수, 옥수수 국수 들이 있고, 만드는 방법에 따라 온면, 냉면, 난면, 비빔국수, 콩국수, 깻국 국수, 진주면, 장국냉면 들로 나눌 수 있어. 이렇게 많은 국수가 있고 만드는 법도 여러 가지인 걸 보면 우리 조상들은 밥뿐만 아니라 국수도 무척 좋아했나 봐.

강원도 향토 음식 가운데 '올챙이국수' 라는 게 있어. 박이나 나무로 만든 바가지에 구멍을 여러 개 뚫고 옥수수 죽을 부으면 구멍으로 죽이 흘러나오지. 그것을 찬물에 받으면 그대로 굳어서 올챙이 꼴 국수가 되는데, 여기에 양념장을 섞거나 물김치를 부으면 여름철 별미로 아주 좋아.

국자

국자는 국이나 탕처럼 국물 있는 음식을 뜨는 도구야. 우리나라 음식은 곧 국물 음식이라고 할 만큼 물기 많은 것이 많아서 부엌에 꼭 필요한 살림이지. 국물을 잘 담을 수 있게 바닥을 움푹 파고, 뜨거운 국물을 풀 때 잡을 수 있게 긴 자루를 달았어. 예전에는 가볍고 단단한 나무나 놋쇠로 만들었는데, 크기가 여러 가지라서 음식에 따라 다른 국자를 썼어.

우리나라에서 국자를 쓴 지는 자그마치 이천 년이나 되었어. 신석기 시대 유적인 김해 회현리 조개더미에서 조가비를 국자처럼 쓴 흔적을 찾았대. 화로와 맷돌도 함께 나온 걸 보면, 그 시대 사람들은 쌀로 밥을 지어 먹기보다는 갈아서 죽을 쑤어 먹거나 떡을 쪄서 먹었나 봐. 그래서 죽을 뜨는 데 국자를 썼으리라 짐작하고 있어. 천 년이 더 지나 고려 시대에 이르러서야 국이 날마다 상에 오르게 되어 놋쇠나 나무 국자가 나왔고 그것이 조선 시대로 이어졌지.

곰박

곰박. 이름이 특이하면서도 재미있지? 곰박은 뜨거운 물에 데치거나 삶은 음식을 건지던 도구야. 흔히 소나무나 솔비나무로 만드는데 특히 제주도 지방에서 많이 썼대. 곰박은 손잡이가 길고, 바닥이 둥글고 넓적하면서도 둘레가 오긋하게 생겼어. 바닥에 예닐곱 개쯤 구멍이 뚫려 있어서 그리로 국물이 빠지는 거야. 물에 삶은 국수를 건져 낼 때 쓰는 국수자루나 국수 주걱은 곰박이랑 닮은꼴 살림살이지. 아줌마도 곰박 비슷하게 생긴 살림 도구를 가지고 있어. 나무 대신 스테인리스로 만든 것이지만, 넓적하고 바닥에 구멍이 숭숭 뚫려 있는 것이 곰박과 닮았지. 이것으로 삶은 찹쌀 경단을 건지기도 하고 기름에 튀긴 약과나 매잡과를 건지기도 해. 바닥에 뚫린 구멍으로 물이나 기름이 빠지고 건더기만 건져 낼 수 있어서 참 편하거든.

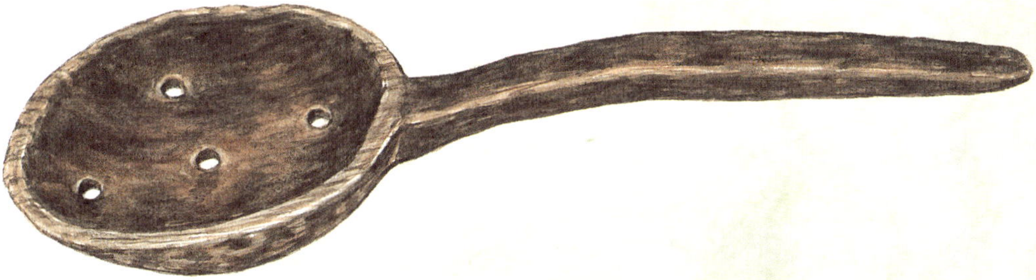

확과 확돌

확과 확돌은 양념이나 곡식을 갈거나 빻는 데 쓰는 살림살이야. 곡식을 찧거나 빻는 절구와 쓰임새가 비슷하지. 절구에 찧기에는 양이 적은 곡식을 찧는 데에 흔히 썼어. 둥근 그릇처럼 생긴 확에 마늘, 생강, 고추 같은 양념 재료나 쌀, 옥수수, 보리, 수수 같은 곡식을 넣어 어른 주먹만 한 확돌을 손에 쥐고 짓이기면 확 안쪽 우툴두툴한 데 닿아서 으깨지는 거야.

돌을 우묵하게 파서 만든 확을 돌확이라고 하고, 오지로 자배기처럼 넓적하고 우묵하게 만들어 구운 확을 오지 확이라고 해. 돌로 만든 확에는 돌 확돌을 써. 냇가나 강가에서 동그랗게 닳은 돌멩이를 주워 와서 썼지. 오지로 만든 확에는 흙으로 빚어 구워 낸 오지 확돌을 쓰는데, 이 확돌은 위아래가 우둘투둘하고 쥐기 편하게 허리가 잘록 들어갔어. 확돌은 다른 이름으로 '줌돌', '폭돌', '풋돌' 이라고도 해.

예전에는 냉장고가 없어서 음식을 오래 보관하기 어려웠어. 그래서 아줌마네 어머니는 여름철이면 끼니때마다 식구들이 먹을 만큼만 음식을 만드셨지. 특히 열무김치는 사나흘에 한 번 조금씩 담그셨어. 김치를 담글 때마다 어머니는 빨간 고추와 마늘, 생강을 돌확에 넣고 확확 갈아서 양념을 만드시는 거야. 이 열무김치 하나만 있으면 다른 반찬이 필요 없었어. 국수를 말아 먹기도 하고 보리밥에 넣어 비벼 먹기도 했으니까. 돌확을 다 쓰신 후에는 바가지로 물을 몇 번씩 붓고 퍼내고 해서 닦으시고, 다시 물을 가득 담아 고춧물을 빼내셨지.

요즘도 정원이나 마당에서 돌확을 종종 볼 수 있지만, 옛날처럼 먹을거리를 갈고 빻는 데 쓰는 사람은 많지 않아. 대신 돌확에 꽃을 심기도 하고 물을 부어 연꽃이나 물옥잠처럼 물에 사는 식물을 기르기도 하지. 아줌마도 이번 여름에는 돌확에 예쁜 연꽃이나 부레옥잠을 길러 볼까 봐.

오지 확

돌확

화덕

솥을 걸고 불을 피울 수 있게 아궁이처럼 만든 살림살이를 화덕이라고 해. 넓은 뜻으로는 불을 피워서 담아 두고 쓰는 그릇을 이르기도 하지. 부엌이나 마당 한쪽에 흙이나 돌을 쌓아 만든 것도 있고, 연탄 화덕처럼 들어서 옮길 수 있는 것도 있어. 더운 여름에는 부엌 아궁이에 불을 지피지 않고 화덕에 솥을 걸어 밥을 지었지.

청동기 시대 유적 가운데 돌로 만든 화덕 자리가 있는 것을 보면 오래전부터 써 온 살림살이라는 것을 알 수 있어. 아주 오랜 옛날에는 움집 한가운데에 돌을 둥글게 쌓아 화덕을 만들고 불을 피웠대. 그러다가 연기가 잘 빠지게 벽 쪽으로 붙이고 화덕 한쪽을 트게 된 거야. 이천 년 전쯤부터는 화덕을 좀 더 발전시켜서 부뚜막을 만들었어. 아궁이와 방고래, 굴뚝을 만들어 솥을 걸고 음식을 만드는 것은 물론 방을 덥히는 데에도 썼지.

화덕은 우리나라뿐 아니라 전 세계에서 고루 쓰는 살림살이야. 인도에는 '탄두리' 라고 하는 화덕이 있어. 진흙으로 만드는데, 인도 사람들이 밥처럼 먹는 빵인 '난' 도 이 화덕에 구워. 밀가루 반죽을 얇게 빚어서 화덕 속 벽에 붙여 두면 뜨거운 불기운에 빵이 절로 구워지는 거야. 서양에서는 화덕에 직접 음식을 굽는 마른 요리를 많이 먹고, 우리나라는 화덕에 그릇을 올리고 국물을 넣어 끓이거나 찌는 국물 음식을 많이 먹어. 요즘 쓰는 서양식 살림살이인 오븐도 화덕이 발달한 것으로 보면 돼.

우리나라 무속 신앙에서는 불을 다스리는 신으로 화덕 장군을 섬겼어. 집 안 살림살이 가운데 아궁이와 가장 가까운 신이지. 불을 많이 쓰는 대장장이나 옹기장이는 자기 몸을 지켜 주는 수호신으로 여기기도 했어. 제주도에는 죄지은 사람 집에 화덕 장군이 찾아가서 불을 지른다는 이야기가 이어져 내려온대. 예나 지금이나 불은 우리에게 없어서는 안 될 소중한 도구야. 하지만 잘못 쓰면 굉장히 위험한 것이기도 하지. 그러니까 불을 쓸 때는 화덕 장군님만 믿지 말고 알아서 조심하는 거, 알지?

불씨 항아리

불씨를 꺼뜨리지 않고 잘 지키려고 만든 그릇이 불씨 항아리야. 굽이 달린 항아리처럼 생겼는데, 뚜껑이나 굽 쪽에 바람이 드나드는 구멍이 송송 뚫려 있어. 그래야 불씨가 꺼지지 않고 오래 가거든. 솔잎으로 피운 불에 참숯을 넣어 두면 불씨가 한 주 동안이나 남아 있기도 해.

조선 시대에는 신줏단지와 불씨 항아리를 가장 중요하게 여겼어. 불씨를 잘 지키는 것이 여자가 하는 중요한 일 가운데 하나였지. 지금처럼 성냥이나 라이터가 없어서 한 번 불씨를 꺼뜨리면 다시 불을 붙이기가 쉽지 않았거든. 불씨가 집에 복을 불러온다고 믿어서 불씨를 꺼뜨린 며느리는 쫓겨나기도 했대. 또 불씨를 내주면 복이 나간다고 여겨서 아무리 친해도 불씨는 빌려 주지 않았어. 어쩌다가 불씨를 꺼뜨리면 지금의 서울시청쯤 되는 한성부로 달려갔지. 한성부 불씨 항아리를 지키는 데에는 관리들 아내까지 힘을 보탰고, 덕분에 하루 종일 불씨가 꺼지지 않았대.

그러고 보면 불은 사람한테 있어서 참 중요한 발견이야. 구석기 시대부터 불을 썼고 신석기 시대에는 직접 불을 일으켰다고 해. 아메리카 인디언은 태양 숭배와 관련하여 불을 숭배했고, 브라만교와 조로아스터교도 불을 숭배하는 종교로 알려져 있어. 그리스 신화에도 불에 대한 이야기가 나와. 프로메테우스는 여러 신 가운데 유난히 인간한테 관심이 많고 인간을 좋아하는 신이었지. 그래서 인간한테 불을 내주면 안 된다는 제우스 명령을 어기고 불씨를 훔쳐서 나눠 주었어. 제우스가 그 일을 알고는 노발대발하여 프로메테우스한테 아주 큰 형벌을 내렸어. 산꼭대기 바위에 프로메테우스를 꽁꽁 묶어 놓고 큰 독수리를 보내 간을 쪼아 먹게 한 거야. 그런데 하루가 지나면 간이 자라서 또 다시 독수리가 간을 쪼아 먹으러 오는, 끝없는 형벌이었지. 대신 그런 형벌을 받는 프로메테우스는 인간 사이에서 영웅으로 남게 되었어. 불씨 항아리를 소중히 여긴 우리 조상을 봤다면 프로메테우스도 아마 흐뭇했을 거야.

손풀무

손풀무는 화덕이나 아궁이에 불을 땔 때 나무에 불이 빨리 붙고 잘 타라고 바람을 일으키는 도구야. 덜 마른 나무나 왕겨처럼 불이 잘 붙지 않는 땔감을 땔 때 꼭 필요하지. 손잡이를 밀었다가 당기면 안에 있는 바람 주머니가 부풀었다가 오므라들면서 바람이 일어나. 기계식 손풀무는 둥근 통 안에 든 바람개비와 그 바람개비를 돌리는 둥근 쇠 바퀴로 이루어져. 이 쇠 바퀴에 줄을 걸어서 쇠 바퀴에 달린 손잡이를 돌리면 바람개비가 돌아가면서 바람이 나와. 또 손풀무 가운데 '허풍선' 이라는 것이 있어. 손풍금처럼 생긴 손잡이를 잡고 오므렸다 폈다 하면 앞에 있는 구멍으로 바람이 나오는 거야. 바람을 일으킬 때마다 옆에 달린 바람 주머니가 크게 부풀어 올랐다가 가라앉는데, 이 모습을 보고는 크게 떠벌리는 사람을 '허풍선이' 라고 이르게 된 거지.

아줌마가 어렸을 적엔 불 때는 것이 좋아서 마냥 아궁이 앞에 앉아 있곤 했는데, 불 지피는 일이 쉽지만은 않았어. 언젠가는 아궁이 앞에서 불을 피운다고 설치다가 머리카락과 눈썹을 몽땅 태운 적도 있다니까. 처음에 불을 지필 때는 잘 마른 낙엽이나 솔방울, 잔가지 같은 불쏘시개를 넣고 그 위에 조금 큰 나뭇가지들을 올려놓은 다음에 불을 붙이는 거야. 불이 얼마쯤 피어오르면 이제 장작을 넣어 큰 불을 만들어야지. 이 때 잘 마른 나무가 있어야 하고 공기가 잘 통해야만 불이 잘 지펴져. 젖은 나무를 쓰거나 공기가 잘 들어가지 않으면 연기와 그을음만 나고 불이 잘 붙지 않아.

풀무로 바람을 일으키는 일을 두고 풀무질한다고 해. 풀무 가운데 발로 밟아서 바람을 일으키는 것도 있는데, 이런 풀무를 '골풀무' 또는 '발풀무' 라고 하지. 땅바닥에 네모지게 골을 파서 가운데에 긴 나무 막대를 박고 그 위에 널빤지를 걸쳐 놓아. 두 발로 널빤지 끝을 번갈아 디뎌서 바람을 일으키는 거야. 골풀무는 대장간에서 흔히 썼대.

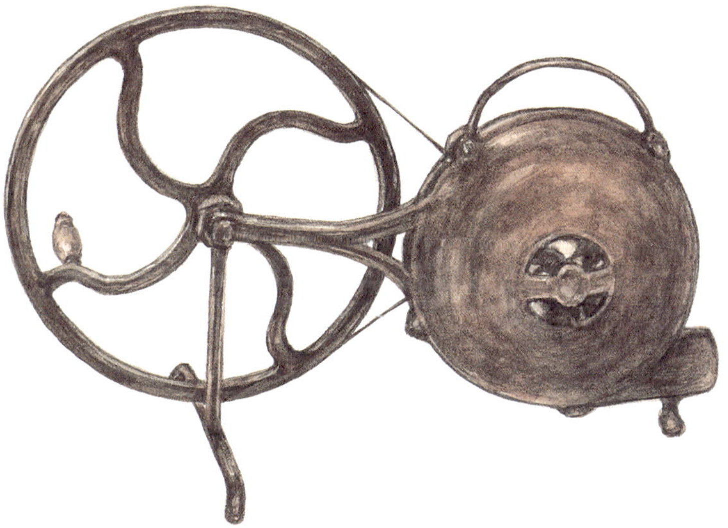

석쇠

석쇠는 고기나 생선을 굽는 도구야. '적쇠', '적철' 이라고도 하는데, 지방마다 생김새가 조금씩 달라. 굵은 쇠로 테두리와 손잡이를 만든 다음, 가운데 바탕을 얇은 철사나 구리줄로 그물처럼 엮었지. 큼직하게 한 장짜리로 만들기도 하지만, 두 쪽을 똑같은 꼴로 만들어 그 사이에 음식을 넣는 것이 많아. 우리나라는 오랜 옛날부터 고기를 구워 먹어서 그 도구도 일찌감치 만들어 썼어. 요즘 쓰는 석쇠 생김새도 이백 년 전에 이미 그 틀이 잡혔다는 기록이 있으니 말이야.

불 위에 석쇠를 놓고 생선, 고기, 떡, 김, 더덕 같은 음식을 뒤집어 가면서 구워 먹으면 맛도 향도 아주 좋아. 같은 불고기라도 냄비나 프라이팬에 볶는 것보다는 석쇠에 굽는 게 훨씬 더 맛있지. 이때 꼭 필요한 것이 한지야. 석쇠 크기에 맞게 한지를 두 장 잘라서 석쇠 안쪽에 한 장 깔고 고기를 올려. 그 위에 다시 한지를 덮고 석쇠를 닫아서 너무 세지 않은 숯불에 골고루 구우면 돼. 종이가 타지 않느냐고? 천만에! 기름과 물기를 머금은 한지는 불에 타기는커녕 고기가 타거나 연기가 나지 않게 막고 열만 전해 줘서 고기가 알맞게 익게 해. 이렇게 잘 익힌 불고기를 접시에 담고 대추 채, 밤 채, 석이버섯 채, 잣, 깨를 뿌리면 옛날 불고기인 너비아니가 되지. 더덕이나 버섯 같은 채소도 석쇠에 구우면 본디 맛을 즐길 수 있고, 가래떡을 노릇노릇하게 구워서 조청을 찍어 먹으면 둘이 먹다 하나가 죽어도 모를 만큼 맛있어. 고등어, 꽁치, 굴비는 물론 황태, 뱅어포, 오징어, 쥐포, 얇게 썬 고구마, 감자, 들기름을 발라 소금을 뿌린 김까지도 석쇠에 구우면 참 맛을 느낄 수 있지.

석쇠는 흔히 풍로 위에 올려놓고 썼어. 풍로는 바람이 통하게 구멍을 낸 작은 화로인데, 고기나 생선을 굽거나 찌개를 끓일 때 옮겨 놓고 쓸 수 있는 이동식 아궁이인 셈이지. 부엌 아궁이나 화덕에 밥을 짓거나 국을 끓이면서 따로 풍로를 두고 반찬을 한 거야.

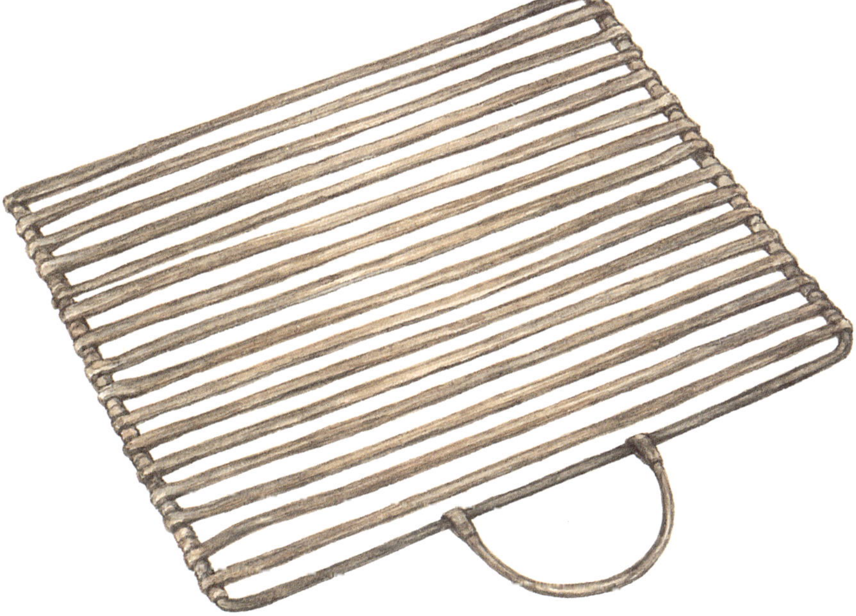

풍로는 재료에 따라 돌 풍로, 쇠 풍로, 흙풍로가 있는데, 튼튼하기로 따지면 돌이나 쇠 풍로가 낫지만 열이 오래 가는 건 역시 흙풍로야.

돗자리

돗자리는 습지에서 많이 자라는 왕골이나 골풀 줄기를 잘게 쪼개서 친 깔개야. 그래서 습지가 많은 영남이나 호남 지방에서 농사일이 끝난 겨울철에 많이 만들었어. 바닥에 깔고 그 위에 앉거나 누울 수 있게 만든 깔개를 모두 '자리' 라고 하는데, 만드는 법에 따라 자리와 돗자리를 구분하기도 해.

돗자리 가운데 전남 보성 용문석이 널리 알려져 있어. 용무늬를 새겨 넣어서 용문석이라고 하지. 정성을 많이 기울여야 만들 수 있는 돗자리라서 왕한테 바치기도 했대. 경기도 강화 화문석도 널리 알려져 있지. 꽃무늬를 넣어 만들어서 꽃돗자리라고도 해. 또 호랑이 무늬를 넣은 호문석에 별문석, 난초석 들도 있어. 이 밖에도 재료에 따라 왕골자리, 부들자리, 갈대로 만든 갈 자리, 참나무 껍질로 만든 굴피자리, 짚을 엮어서 만든 멍석 같은 여러 가지 돗자리가 있어.

돗자리는 흔히 여름철에 더위를 식히려고 깔고 자는 데 써. 겨울에도 바닥에 돗자리를 깔면 열을 잡아 두어 따뜻하게 지낼 수 있지. 제사 지낼 때 펴 놓고 그 위에서 절을 하기도 해. 큰 잔치를 할 때에는 마당에 꼭 돗자리를 펴고, 나들이를 가서도 돗자리를 깔고 앉아. 또 떡이나 술을 빚으려고 지은 지에밥을 식힐 때도 꼭 필요하지. 이를테면 우리나라 고유의 양탄자라고 할까.

선풍기나 에어컨이 없던 시절에는 여름철을 앞두고 꼭 갖추어야 하는 것이 있었어. 바로 부채와 죽부인, 풀을 빳빳하게 먹인 베나 모시 이불, 그리고 돗자리야. 방이나 마루에 돗자리를 깔고 구멍이 송송 난 모시 이불을 덮고 대나무로 만든 죽부인을 안고 부채질을 하면 아무리 더운 여름날에도 끄떡없었어. 그래서 더워지기 시작하면 어머니는 광에 잘 말아 놓은 돗자리를 꺼내서 깨끗이 닦고 바람을 쐬어 말린 다음 마루에 까셨지. 그러면 식구들은 서로 먼저 앉으려고 자리다툼을 했고.

죽부인

죽부인은 여름철을 시원하게 나려고 만든 물건이야. 대나무를 쪼개어 매끈하게 다듬어서 둥근 기둥 꼴로 속이 텅 비게 얼기설기 엮어 만들어. 누워서 안을 수 있을 만한 굵기에 사람 키만큼 길지. 옆으로 누워서 죽부인을 가슴에 안으면 차가운 대나무 사이로 바람이 잘 통해서 시원하게 잠을 잘 수 있어. 예전에는 자식이 부모님께 죽부인을 마련해 드리는 것이 큰 효도였지.

우리 옛 살림살이는 자식에게 물려주는 것이 흔한데, 이 죽부인만큼은 본래 주인 말고 다른 사람은 쓰지 않았어. 그래서 아버지가 돌아가시면 아들이 죽부인을 물려받지 않고 곱게 불태웠다고 해. 이렇게 대를 이어 물려주지 않는 살림살이라서 옛날에 쓰던 것은 남아 있지 않아.

기록을 보면 죽부인은 중국에서 처음으로 만들어 썼다고 해. 당나라 때는 '죽궤술' 이라고 불리다가 송나라 때 들어서 죽부인이라는 이름을 얻었지. 더운 여름날, 한 무제가 천 명이 넘는 후궁을 데리고 피서를 갔대. 그런데 아무리 아름다운 후궁이라고 해도 황제의 더위를 식혀 줄 수가 없었지. 후궁들이 미안한 나머지 대나무로 칼을 만들어 바쳤는데, 그 이름을 죽부인이라고 했다지. 언제 우리나라에 들어왔는지는 분명하지 않지만, 고려 말 이곡이 지은 <죽부인전>이라는 한문 소설을 보면 고려 때에는 널리 쓰였나 봐.

여름을 시원하게 나는 데 도움이 될 만한 게 뭐가 있을까? 평상, 돗자리, 대나무 베개와 부채. 또 모시나 삼베로 지은 옷과 이불도 있지. 에어컨이나 선풍기 바람을 너무 많이 쐬면 냉방병이 걸려 고생할 수도 있지만, 옛날 우리 조상들이 쓰던 여름 도구는 아무리 많이 써도 탈이 없어. 이제부터는 부채와 돗자리로 더위도 피하고 건강도 챙기는 게 어때?

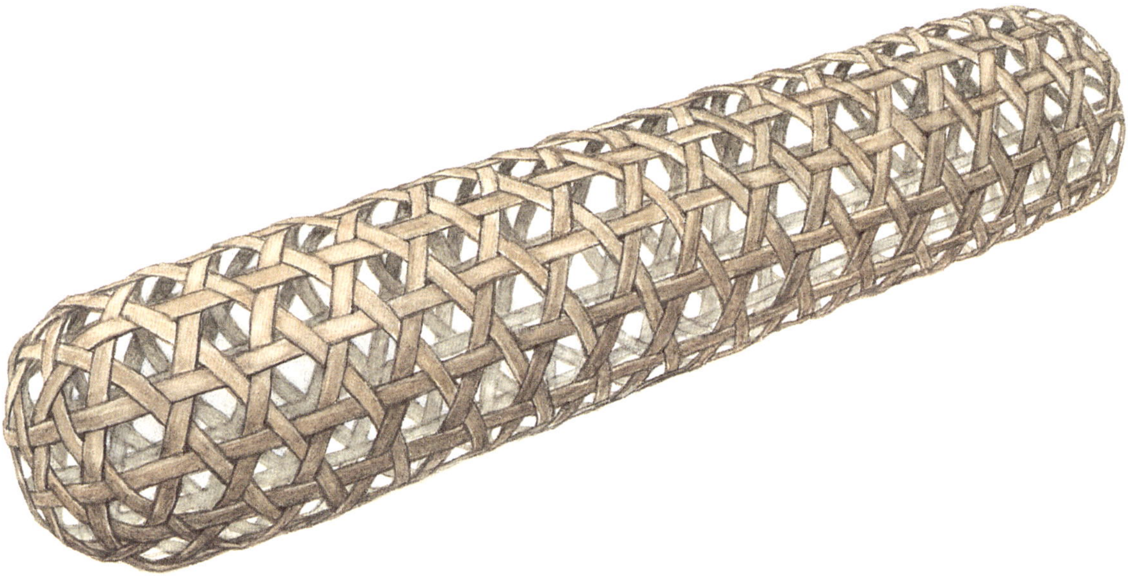

가을

멱둥구미
바구니
홉·되·말
저울
맷돌
다식판
약과판
상
누룩 틀
누룩 고리
술독
용수
소줏고리
술통
술춘
술병
뒤주
채반
망태기
뒤웅박

가을

가을은 모든 자연이 열매를 거두는 계절이야. 봄부터 애써 지은 농사의 결실을 보는 때지. 또 다가올 겨울 살림을 준비하는 시간이기도 해. 따사로운 햇살과 맑고 높은 하늘, 움직이기에 알맞은 날씨. 그래서 사람들은 가을을 좋아하지. 한 해 농사를 마무리하는 추석에는 큰 잔치를 벌였지. 산과 들은 단풍으로 다시 한 번 꽃이 핀 듯 아름답고 누렇게 이삭이 팬 벼는 바라만 봐도 배가 불러. 열심히 땀 흘린 대가로 얻은 풍요로움을 만끽하는 가을 살림은 콧노래가 절로 나올 법하지.

입추(立秋)는 가을로 접어들었음을 알리는 절기야. 무더위가 가시고 아침저녁으로 조금씩 쌀쌀해지기 시작해. 칠월 칠석 무렵이면 밤에 서늘한 바람이 불기 시작하지. 헤어진 견우와 직녀가 오작교에서 만나 눈물을 흘린다는 이야기처럼 이즈음에는 가랑비가 많이 내려. 절기 음식으로 토란국과 갖은 나물 무침, 오이소박이와 화채를 해 먹었어. 김장할 배추와 무를 심고 이제는 가을 채비를 할 때지. 마지막 극성을 부리는 잡초를 베고 밭일도 마무리해야 해. 잠을 설치게 할 만큼 극성스럽던 더위가 한풀 꺾이는 입추에는 사람들 마음에도 조금 여유가 생기는 것 같아.

처서(處暑)가 다가오면 더위가 물러가고 이제 선선한 가을로 들어서게 돼. 맑고 건조한 날이 계속돼서 여름내 입었던 옷과 이불, 책과 살림살이들을 볕에 말리기 좋아. 처서가 지나면 뜨겁던 햇볕이 한결 누그러져서 풀이 더는 자라지 않아. 그렇지만 마지막 햇볕을 받아야 논밭 곡식에 알이 차니까 이때 비가 많이 오면 흉작이 든다고 해. 이 무렵부터는 푸르던 벼가 이삭이 패어 점점 누렇게 익어 가면서 고개를 숙이지. 호박잎이 누렇게 물이 들기 시작하고 빨간 고추가 입맛을 돋워 줄 때야. 고추잠자리가 논밭을 한가로이 날아다니면 여름내 들리던 매미와 개구리, 맹꽁이 울음소리도 스르르 사라져 가지.

백로(白露)가 되면 이른 아침 풀잎에 이슬이 맺혀. 밤 기온이 내려가면서 공기 속 물기가 모여 이슬이 되지. 이슬이 맺히면 이젠 그야말로 서늘한 가을이 온 거야. 힘들었던 여름 농사는 이제 거의 끝난 셈이라 농부들은 잠시 일손을 놓고 쉬기도 해. 하지만 이때 갑자기 태풍이 불어와 한 해 농사를 망가뜨릴 수도 있어서 농사꾼은 벼를 거두어들일 때까지 날씨가 좋기를 기도하는 마음이야.

추분(秋分)은 낮과 밤의 길이가 같은 절기야. 추분이 지나면 밤이 조금씩 길어져. 해도 점점 빨리 지고 농사꾼이 가장 바쁜 때야. 힘들게 지은 농작물을 모두 거둬들여야 하거든. 논밭의 곡식을 거두고, 고추를 따서 말리고, 목화도 따지. 오곡백과가 무르익는 이맘때면 추석이 돌아와. 음력 8월 15일인데, 한가위라고도 하지. 추석 아침에는 온 가족이 모여 조상님께 차례를 지냈어. 제사상에는 햇곡식으로 만든 갖은 음식을 올리고, 한 해 농사의 결실을 고마워하며 절을 했지. 추석 음식으로 송편, 토란탕, 산적, 구이, 여러 가지 전과 나물을 만들고 술을 담갔어. 음식 하느라 바쁜 가운데서도 어

머니는 밤새 바느질을 해서 고운 추석빔을 만들어 주셨지. 새 옷을 입고 꽃단장을 한 아가씨들은 크고 밝은 보름달 아래에서 강강술래를 하며 놀았어. 남자들은 씨름과 활쏘기를 하며 힘자랑을 하고 여럿이 어울려 소 놀이, 거북놀이, 줄다리기를 하면서 협동심을 길렀지. 새로 찧은 햇곡식으로 만든 맛있는 음식도 배불리 먹고. 춥지도 덥지도 않아 달밤에 춤을 추며 놀아도 좋은 날이야. '더도 덜도 말고 한가위만 같아라' 라고 하잖아. 먹을거리가 많은 이 무렵에는 오래 두고 먹을 음식물을 말리기 바빠. 마침 볕이 좋고 바람이 서늘한 때라 널어놓기 무섭게 마르거든. 호박, 박, 고구마 순, 산나물, 버섯, 생선 들을 잘 말려 두면 겨우내 든든한 먹을거리가 되지. 젓갈이나 장아찌를 담그기도 하고 가을에 담그는 고추장이 가장 맛있다고 해서 일찌감치 고추장을 담그기도 해. 가을볕을 많이 본 고추장은 겨울을 나면서 맛있게 익어 봄에 먹기 좋대. 여름내 쓰던 사기그릇은 이제 갈무리해 두고 놋그릇을 꺼내지. 천천히 겨울을 준비하는 거야.

음력 9월 9일은 '중양절' 이라고 하는데, 삼월 삼짇날에 온 제비가 강남으로 돌아간다고 하지. 옛날 초가집에는 봄마다 제비가 날아와서 처마 끝에 제비집을 짓고 살았거든. 진흙과 지푸라기로 동그란 집을 짓고 새끼를 까서 키우고 그 새끼 제비가 여름내 자라면 다시 강남으로 돌아가는 거야. 이때는 국화전이나 국화 술, 밤단자와 유자 화채 들을 절기 음식으로 만들어 먹어. 산에 가면 산수유, 오미자, 구기자, 망개, 산초 같은 온갖 나무 열매들이 익어서 그 향기가 온 산에 가득해.

우리 조상들은 집에 사람만 산다고 생각하지 않았어. 나무나 가축, 벌레도 함께 산다고 생각했지. 그래서 사람한테 아주 큰 해를 주지 않으면 집에 들어온 생명들을 죽이는 법이 없었어. 어쩌다 집에 동물이 들어오면 잘 보살펴서 다시 돌려보냈고 장독대에 커다란 구렁이가 똬리를 틀고 있어도 해치거나 쫓지 않고 가만 내버려 뒀어. 옛날에 할머니들은 구렁이나 큰 뱀이 집을 보호해 주는 신이라고 생각했거든. 심지어 집에 기어 다니는 벌레조차도 사람한테 해로운 빈대나 벼룩, 모기가 아니라면 함부로 잡지 않고 그냥 뒀어. 오히려 돈벌레가 기어 다니면 집에 돈이 들어온다며 좋아했지. 살아 있는 것뿐만 아니라 생명이 없는 돌이나 오래된 항아리 같은 물건도 함부로 버리지 않았어. 아주 큰 항아리에는 좋은 기운이 들어 있다고 생각해서 그 앞에서 기도를 하기도 하고, 큰 돌이나 바위, 세상 모든 것에 신이 깃들어 있다고 여겼지. 그래서 비가 오면 할머니들은 "아이고, 비님이 오시네." 하며 반갑게 비를 맞았어. 생명이 있는 것이든 없는 것이든 모두 함께 어울려 살아야 할 소중한 존재로 여긴 거야.

한로(寒露)는 '차가운 이슬' 이라는 뜻이야. 새벽에는 정말 차가운 이슬이 내리지. 한로에는 추수를 끝내고 타작을 시작해. 집집마다 콩이며 팥, 조나 수수를 터느라 분주한 소리가 들리고 들판에서는 허수아비가 잘 여문 곡식을 쪼아 먹는 새를 쫓기에 바빠. 한로는 술 담그기 좋은 철이라고 해. 그래서 산과 들에 핀 국화를 따서 국화주를 담그거나 햇곡식으로 탁주와 약주를 담갔어. 국화로 전을 부쳐 먹기도 하고 단풍 구경이나 들놀이를 가기도 해. 지금도 시골에서는 추수가 다 끝나면 나들이를 가거나 잔치를 열어 한 해 동안 함께 애쓴 사람들과 즐거운 시간을 보내지. 때로는 바쁜 농사일 때문에 미뤄 두었던 혼례를 치르고 잔치를 열기도 해. 옛날에는 동네 어느 집에서 큰 잔치를 하면 동네 사람들이 모두 가서 도와줬어. 남자들은 밖에서 일을 거들고 여인들은 집 안에 모여 음식을 하면서 잔칫상 준비를 했지. 그러니 한 집안 잔치는 곧 그 동네의 잔치라고 해도 될 정도였어. 잔치가 있을 때마다 서로 도움을 주고받으면서 사이좋게 살았던 거야.

상강(霜降)에 들어서면 서리가 내리기 시작해. 추수가 끝나고 맑고 상쾌한 날씨가 이어지지. 이때는 겨우내 땔 땔감을 마련하느라 산과 들에 나무를 하러 다니기도 하고, 집을 수리하기도 해. 추운 겨울이 오면 바깥에서 일하기가 어려우니까 바깥에서 하는 일을 미리 해 두는 거야. 굴뚝을 손보고 문풍지를 다시 바르는가 하면 도배를 새로 하거나 지붕을 새로 얹는 거지. 아궁이나 부엌도 살펴서 구들에 불이 잘 드는지 보

고 묵은 재를 다 치우기도 하지. 마구간이나 외양간을 손보는 일도 빼놓지 않았어. 쇠여물을 쑤려고 타작하고 남은 볏짚을 모아 놓고, 닭장이나 돼지우리도 청소했지. 집집마다 곡간에 겨우내 먹을 양식들을 쌓아 두고, 타작한 알곡 가운데 가장 좋은 것으로 종자를 받아 소중하게 간수했지. 양파나 마늘처럼 겨울을 나는 채소를 심고 추수가 끝난 밭에는 보리나 밀을 심었어. 보리 싹은 입동 바람을 쐬어야 잘 자란다고 하거든.

가을 살림은 어느 계절보다도 풍요로웠어. 그만큼 할 일도 많지만 심고 가꾸는 수고를 지나 거두어들이는 때라 보람도 많지.

장터

멱둥구미

멱둥구미는 짚으로 둥글고 울이 높게 만든 그릇이야. 흔히 '둥구미' 라고 하는데, 둥그렇게 생겨서 이런 이름이 붙은 것 같아. 우리도 얼굴이 넓적한 동무를 '넙죽이', 얼굴이 긴 동무를 '길쭉이' 라고 부르잖아. 우리 살림살이는 이렇게 생김새에 따라 이름 지은 것이 많아.

멱둥구미를 만들 때 싸리나무 껍질을 섞어 결어서 모양을 내기도 해. 집집마다 쓰임새에 따라 여러 가지 크기로 만들었는데, 흔히 곡식이나 채소를 담는 데 썼어.

아줌마가 어렸을 적엔 장날을 손꼽아 기다렸어. 할머니를 따라 장에 가면 정말 재미있었지. 맛있는 것을 먹을 수 있어서 좋기도 했지만, 장에 가면 재미있고 신기한 것이 아주 많았거든. 할머니가 장날 꼭 들르시는 곳 가운데 하나가 쌀가게였어. 농사지은 쌀 두어 말을 머리에 이고 가셔서 팥이나 수수, 조나 콩 같은 잡곡으로 바꾸어 오셨지. 쌀가게에 가면 쌀이 수북이 쌓여 있는 커다란 맷방석 뒤쪽에 멱둥구미를 여러 개 놓고 갖가지 잡곡을 담아 팔았어. 멱둥구미마다 붉은 팥과 수수, 풀빛 녹두, 노란 조나 기장, 까맣고 하얗고 노랗고 파란 콩들, 율무와 보리가 가득가득 담겨 있었지. 그 빛깔이 어찌나 곱던지 눈을 뗄 수가 없었어.

아줌마는 쌀가게 아저씨가 이 세상에서 가장 부자인줄 알았어. 이렇게 많은 쌀과 잡곡을 다 가졌으니 말이야. 할머니와 쌀가게 아저씨가 얘기하시는 동안 아줌마는 잡곡들을 만지고 놀았는데, 잡곡마다 생김새와 빛깔이 다른 것은 물론이고 손에 잡히는 느낌도 다 달랐어. 매끈매끈하고 보드라운 것, 사각사각하는 것, 둥글둥글한 것, 거칠거칠한 것, 손에 잡으면 간지러운 것도 있지. 잡곡을 가지고 놀다가 할머니 치맛자락을 잡고 집에 오면 할머니는 콩으로 콩 볶음을 해 주시고, 찰수수로는 부꾸미를 부쳐 주셨어. 팥으로 구수한 팥죽도 쑤어 주셨지. 멱둥구미에 들어 있던 그 예쁜 잡곡들이 맛있는 음식이 되어 둥그런 뱃속으로 쏘옥.

바구니

바구니는 대나 싸리 같은 것을 가늘게 쪼개어 결어서 속이 깊게 만든 그릇이야. 동네마다 이름이 조금씩 달라서 '바구리', '바구미', '바그미', '보고니', '보금지', '보금치' 라고도 해.

우리나라에서는 신석기 시대부터 바구니를 만들어 쓴 것으로 짐작하고 있어. 이집트에서는 아직도 오천 년 전에 만들던 방법으로 바구니를 만들고 있대. 그러니까 역사가 아주 오랜 그릇이지.

조선 순조 때 펴낸 《임원경제지》에는 '바군이' 라 하여, '오늘날 서울의 시장에서 오가는 이들이 타원형의 소롱을 지녔는데 무릇 생선이나 채소를 여기에 담는다. 여자들은 왼쪽 겨드랑이에 끼고 남자들은 새끼줄을 달아 가지고 다닌다. 한강 북쪽에서는 대가 나지 않아 싸리 껍질을 벗겨 짜 만든다.' 고 설명을 달았어. 아마 여기에서 '시장바구니' 라는 말이 나왔나 봐.

바구니는 여러 가지 물건을 담아 두기에 좋을 뿐만 아니라 가벼워서 쓰기 편해. 곡식을 나르기도 하고 먹을거리를 씻어 물기를 빼는 데에도 쓰지. 또 옆구리에 끼고 씨를 뿌리기도 하고 농작물을 갈무리하거나 말리는 데에 쓰기도 해. 무더운 여름날에는 뚜껑 있는 바구니에 삶은 보리쌀을 담아 서늘한 추녀 밑에 걸어 두었어. 끼니때마다 한두 줌씩 덜어서 쌀을 안친 솥 한쪽에 두고 밥을 지어 먹었지. 이렇게 쓰임새가 여러 가지여서 집집마다 바구니 없는 집이 없었어. 바구니 장수는 지게에 바구니를 서른 개, 마흔 개씩 너끈히 지고 다니면서 팔았지.

예전에는 손으로 짠 대바구니를 한번 장만하면 대를 물려 썼어. 요즘에는 종이나 플라스틱 같은 여러 가지 재료를 써서 여러 가지 꼴로 만들지. 둥근 기둥 꼴이나 네모꼴 바구니도 있고 손잡이가 달린 것도 있어. 물건을 담아 두는 데뿐만 아니라, 꽃이나 화분을 담아서 예쁘게 꾸미는 데 쓰기도 해.

홉·되·말

홉, 되, 말은 액체나 곡식이나 가루 들의 양을 재는 도구야. 우리나라는 예전부터 농사를 짓고 살아서 양을 헤아리고 셈하는 일이 중요했어. 그래서 이천 년 전부터 길이, 부피, 무게를 재는 도량형을 만들어 쓰기 시작했대. 지금은 리터나 킬로그램으로 나타내지만 옛날에는 홉, 되, 말의 수로 양을 쟀어. 조 닷 홉, 콩 넉 되, 쌀 한 말. 이렇게 말이야. 이렇게 홉, 되, 말로 양을 재는 것을 '된다' 고 일러.

가장 작은 단위는 홉이야. 열 홉이 한 되인데 이것을 '큰되' 라고 해. '작은되' 는 다섯 홉이야. 큰되로 열 되는 한 말이 되고, 여덟 말은 한 가마, 열다섯 말은 한 석이지. 석은 다른 말로 '섬' 이라고도 해.

홉, 되, 말은 흔히 나무로 만드는데, 쇠로 만든 것도 있어. 홉과 되는 처음에는 긴네모꼴이었다가 일본에서 도량형을 들여온 후 주사위 꼴로 바뀌었지. 전통적인 말 생김새는 이어져 내려오지 않지만 네모꼴 말을 썼을 것으로 짐작한대. 전에는 집에서 쓰던 '집 말', 관가에서 쓰던 '관말', 시장에서 쓰던 '장말' 이 따로 있었어. 그런데 서로 다른 말로 양을 헤아리다 보니까 헷갈리잖아. 그래서 일본에서 들여온 둥근기둥 꼴 말을 쓰게 됐대. 이것이 지금의 홉, 되, 말이 된 거야. 말에 곡식을 가득 담으면 꽤 무겁겠지? 그래서 두 손으로 들 수 있게 양쪽에 손잡이를 달았어.

말에 곡식을 담고 나무 막대로 윗부분을 판판하게 깎아 되는 것을 '평말' 이라 하고, 곡식을 수북하게 올려서 되는 것을 '고봉 말' 이라고 해. 시장에 가 보면 되에 곡식이나 건어물 같은 것을 수북하게 담아 팔잖아. 그게 바로 고봉 말이야. 가끔은 고봉 말 위에 한두 줌 더 올려 주기도 해. 됫박 인심이 후한 곳에 손님이 몰리는 법이라고, 사람들은 조금이라도 더 얹어 주는 장사꾼한테 물건을 사게 마련이지. 고봉 말, 덤, 떨이는 정 많은 우리나라에만 있는 보이지 않는 도량형인 셈이야.

홉

되

말

저울

저울은 물건 무게를 재는 기구야. 우리나라에서는 일찍부터 저울을 쓰기 시작했대. 삼국 시대에 쓰던 돌 저울추나 통일 신라 시대에 쓰던 십이지상 청동 저울추 같은 유물이 나온 걸 보면 알 수 있지. 삼국사기와 삼국유사에도 저울에 대한 이야기가 있어. 조선 시대에는 장사꾼이 무게를 속이지 못하게 나라에서 저울에 불도장을 찍어 주기도 했대. 파는 사람은 조금이라도 덜 주려고 하고 사는 사람은 조금이라도 더 가져가려고 하는 마음은 언제 어디서든 똑같은가 봐.

저울은 종류가 여러 가지인데, 흔히 크기와 달 수 있는 무게에 따라 큰저울, 중저울, 소저울로 나누지. 그 밖에 양쪽에 접시를 얹은 맞저울, 채소 가게에서 흔히 볼 수 있는 앉은뱅이저울, 용수철이 늘어난 길이로 무게를 재는 용수철저울, 한약재 무게를 다는 약저울 들도 있어. 그 가운데 가장 많이 썼던 저울은 나무로 만든 대저울이야. 막대 저울이라고도 하고 옛 로마에서 처음 만들었다고 해서 로마 저울이라고도 해. 눈금이 매겨진 긴 막대 한쪽에는 추가 달려 있고 다른 쪽에는 고리가 달려 있어. 막대 한가운데를 잡고 무게를 잴 물건을 고리에 건 다음 추를 옆으로 살살 움직이면서 막대가 기울어지지 않게 하는 거야. 막대가 수평을 이루었을 때 추가 어느 눈금에 맞춰져 있는지를 보면 그 물건 무게를 알 수 있지. 이렇게 무게를 재는 대저울은 지렛대 원리를 이용한 거야. 쌀가마니처럼 무거운 것의 무게를 잴 때에는 저울을 손으로 들어올리기 힘들어서 틀에 걸어서 썼다고 해. 요즘도 시골 마을이나 쌀가게에서는 곡식을 달 때 대저울을 쓰고 있어.

《경국대전》을 보면 소저울은 한 근부터 세 근, 중저울은 일곱 근부터 스무 근, 큰저울은 백 근까지로 잴 수 있는 무게를 정해 놓았다고 해. 크기가 작은 소저울로 약재나 금, 은처럼 부피가 작은 물건 무게를 재고, 중저울에는 웬만한 생활용품을 달고, 큰저울은 쌀가마, 보리 가마, 돼지 같이 크고 무거운 것 무게를 재는 데 썼대.

한가위

차례 지내기

맷돌

콩, 팥, 메밀, 녹두 같은 곡식을 갈던 살림살이를 맷돌이라고 해. 요즘 쓰는 믹서라고 생각하면 돼. 예전에는 맷돌에 녹두를 갈아 빈대떡을 부치기도 하고, 콩을 갈아 두부도 만들었어. 여름에는 삶은 콩을 갈아서 시원하게 콩국수를 말아 먹기도 하고 아주 곱게 간 쌀가루로 풀을 쑤어 모시나 베옷에 먹이기도 했지.

맷돌은 크기가 같은 둥글고 넓적한 돌 두 개가 한 짝이야. 위짝에는 암쇠를 박고 아래짝에는 수쇠를 박아 서로 끼우지. 위짝 모서리에 구멍을 내어 손잡이인 맷손을 박고 칡이나 대나무로 테를 둘러 빠지지 않게 해. 위짝에는 곡식을 집어넣는 구멍이 있고 아래짝에는 잘 갈리게 하는 홈이 있어. 오래 써서 이 홈이 닳으면 다시 홈을 내주어야 해. 그런가 하면 홈을 따로 낼 필요가 없는 맷돌도 있어. 구멍이 숭숭 뚫린 현무암으로 만든 '고석매' 라는 맷돌인데 현무암이 많은 제주도에서 썼지. 산이 많은 강원도에서는 통나무로 만든 나무 맷돌을 썼어. 아래짝에 주둥이가 달린 '풀매' 라는 맷돌도 있어. 풀쌀을 갈 때 흔히 썼는데 아주 고운 가루를 낼 수 있지.

맷돌질을 하려면 우선 맷돌을 올릴 커다란 함지박이 있어야 해. 이 함지박 위에 쳇다리를 걸치고 그 위에 맷돌을 올려놓고 두 사람이 마주 앉아서 맷돌질을 하는 거야. 한 사람이 손잡이를 돌리면 한 사람은 곡식을 조금씩 구멍에 넣어 줘. 이때 두 사람 호흡이 잘 맞아야 곡식이 알맞게 잘 갈리고 맷돌질을 쉽게 할 수 있어.

쳇다리는 본래 술이나 간장 같은 것을 거를 때 체를 받치는 살림살이야. 흔히 두 갈래로 갈라진 나무 아귀 부분을 잘라서 썼어. 또 나무를 우물 정(井) 자나 사다리 꼴로 짜서 만들기도 해. 큰 쳇다리는 맷돌을 올려놓고 콩 물을 내리거나 콩나물시루를 받치는 데 쓰기도 했지.

다식판

다식은 차 마실 때뿐만 아니라 제사상이나 잔칫상에 빠지지 않고 올라가는 중요한 음식 가운데 하나야. 볶은 콩, 쌀, 깨 들의 가루를 엿이나 꿀에 반죽해서 만드는 우리 전통 과자지. 여러 가지 다식 가운데에서도 으뜸으로 맛난 것은 송화다식이야. 노란 송화다식을 한 입 베어 물면 혀끝에서 송홧가루가 사르르 녹고 달콤 쌉싸래하면서 톡 쏘는 소나무 향이 코끝에 스치지.

언제부터 다식을 만들어 먹었는지는 정확히 알려져 있지 않아. 고려 말 학자 이색이《목은집》에 "팔관회 때 썼던 다식이 맛이 연하고 좋았다." 라고 쓴 시로 미루어 이미 고려 때부터 잔치에 썼으리라 짐작할 수 있지.

이 다식을 찍는 틀이 다식판이야. 흔히 질기고 결이 없으면서 탄력 있는 박달나무, 감나무, 피나무, 참나무 같은 것으로 만들어. 다식판은 틀형과 판형 두 가지가 있어. 틀형은 판 두 개를 위아래로 맞추어 찍어 내는 거야. 아래 판에는 올록볼록한 둥근 꼴 틀이 여러 개 있어. 이 볼록한 면에 자식 많이 낳고 건강하게 오래 살기를 바라는 뜻으로 수(壽), 복(福), 강(康), 녕(寧) 같은 글자를 새기기도 하고 꽃무늬, 과일무늬, 완자무늬 같은 것을 새기기도 해. 위 판에는 아래 판에 있는 둥근 틀에 맞추어 구멍을 뚫었어. 아래 판과 위 판을 겹치게 놓고 무늬를 찍으면 그 구멍으로 다식이 나와. 판형은 판이 하나인데, 떡살이나 약과 판처럼 나무판 하나에 무늬를 새겨 찍어 낼 수 있게 만들어. 판형보다 틀형이 더 쓰기 편해서 흔히 쓰여.

다식판은 집안에서 대를 물려 간직해 왔대. 다식판 무늬는 집집마다 다 다른데, 무늬를 바꿀 때는 집안 어른들의 허락을 받아야 할 만큼 집안을 상징하는 무늬로 알려져 있지. 사대부 여인들이 혼숫감으로 챙길 만큼 중요한 살림살이여서, 서로 바뀌거나 잃어버리지 않게 이름이나 주소를 새기기도 하고 만든 해와 만든 사람을 써 넣기도 했대.

약과판

약과판은 약과를 찍어 내는 도구야. 나무로 만든 판에 여러 가지 무늬를 새겨 넣었지. 언뜻 보면 다식판과 비슷하게 생긴 것 같지만, 다식판보다 구멍이 더 커. 그리고 앞면, 뒷면에 찍힐 무늬보다는 전체 테두리 새김이 두드러져. 앞뒤에나 네 면에 꽃무늬, 잎 무늬, 나비 무늬, 물고기 무늬 같은 여러 가지 무늬가 오목하게 새겨져 있어. 그래서 다식판으로 찍어 낸 다식은 생김새가 모두 둥글지만 약과는 생김새가 여러 가지야. 쓰지 않을 때 걸어둘 수 있게 손잡이 쪽에 끈을 달아매기도 해.

약과판은 다식판과 함께 집집마다 갖추어야 할 살림살이였어. 또 대를 물려 귀하게 쓰던 물건이지. 그래서 다른 사람한테는 절대로 빌려주지 않았어. 요즘에는 집에서 약과를 해 먹는 일이 없어서 약과판을 쓸 일도 없지만, 무늬가 아름다워서 집을 꾸미는 데에 쓰기도 해.

약과는 우리나라에서 으뜸가는 전통 과자야. 중국에는 월병이 있고 서양에는 비스킷이 있다면, 우리나라에는 약과가 있지. 몸에 좋은 꿀을 넣고 반죽한다고 해서 '약과' 라는 이름이 붙었대. 제사상에 꼭 올려야 하는 과자라서 예전에는 자주 만들었어.

약과를 만들려면 먼저 고운 밀가루를 체에 쳐서 술과 꿀, 참기름으로 반죽을 해. 이 반죽을 조금씩 떼어 약과판 구멍에 넣고 무늬가 잘 새겨지게 꾹꾹 눌러 줘. 그러고 약과판을 거꾸로 들고 모서리를 가볍게 두드리면 무늬가 새겨진 약과가 판에서 떨어지지. 약과판에서 떼어 낸 약과는 낮은 온도 기름에 두 번 튀겨 내. 그러고는 생강즙과 계핏가루를 넣은 조청이나 꿀물에 넣고 단맛이 속에 배어들 때까지 담가 두면 돼. 꿀물이 잘 밴 약과를 꺼내어 잘 두었다가 귀한 손님이 오실 때마다 내놓지. 요즘도 떡집이나 가게에서 약과를 흔히 볼 수 있어. 한번 만들면 오래 두고 먹을 수 있어서 지금까지도 널리 사랑받는 과자인 것 같아.

상

상은 음식을 차려 내거나 물건을 올려놓을 수 있게 만든 살림살이야. 밥을 먹는 반상, 술을 마시는 주안상, 차를 마시는 찻상, 혼례식 때 썼던 합환주 상, 제례 때 쓰는 제상, 향교나 서원에서 쓰는 김 상, 음식을 차려 머리에 이고 나르던 공고상, 잔칫날 쓰는 교자상 들이 모두 상이지. 흔히 상과 소반을 구분하지 않지만, 책상처럼 잘 움직이지 않고 쓰는 것을 상이라고 하고 옮기기 쉬운 작은 상을 소반이라고 해.

상을 만드는 데에는 가볍고 튼튼한 은행나무, 가래나무, 오동나무, 소나무 들을 많이 써. 상판에 다리를 달고, 든든하게 버틸 수 있게 위쪽에 판판한 널이나 살을 대어 만들지. 상판 테두리에 전이나 난간을 두르기도 해. 또 생칠, 주칠, 흑칠, 유칠을 하거나 나전을 입히고 무늬를 새겨서 꾸미기도 하지. 칠을 하면 아름답기도 하지만 나무가 썩는 것을 막을 수 있대.

지방마다 생김새가 다른 상을 만들었어. 전라남도 나주에서 만든 소반을 나주반이라고 하는데, 화려하게 꾸미지 않고 자연스러운 나무 무늬를 그대로 살려 만들지. 다리 사이에는 가락지를 단단하게 둘러서 힘을 받을 수 있게 했고, 다리 끝 부분에 다리와 다리를 잇는 대를 대어 튼튼하게 만들었어. 나주반은 투명하고 붉게 빛나는 칠이 아름다워서 널리 사랑받고 있어.

해주반은 황해도 해주에서 만든 상인데, 두꺼운 통나무 판 양쪽에 널판 두 개를 붙여서 다리를 삼지. 여기에 좋은 뜻이 담긴 글자나 꽃, 나비 들을 새겨 넣어. 흔히 소반은 다리 네 개로 상판을 받치는데, 해주반은 이 판이 다리인 셈이야. 나주반만큼 튼튼하지는 않지만 꾸밈새가 화려하고 아름답지. 사랑방에 귀한 손님이 오시면 술이나 차를 이 해주반에 담아 내갔대.

그 밖에도 소박하고 튼튼한 통영반, 개다리소반이라고도 하는 충주반, 통영반처럼 생겼지만 두껍고 다리가 곧은 안주반 들이 있어.

나주반

해주반

술 빚기

사람들이 언제부터 술을 마시기 시작했을까? 중국에는 만 년쯤 전에 술을 마신 흔적이 남아 있대. 우리나라에서는 언제부터 술을 마시기 시작했는지 정확하게 알 수는 없지만, 발효 문화가 발달한 만큼 일찍부터 술을 빚어 왔을 것으로 여기고 있어. 술을 만들어 파는 술도가가 생기기 전에는 집집마다 곡식과 과일로 손수 술을 빚었어. 요즘도 과실주는 집에서 담가 먹는 사람이 많아.

쌀이나 밀 같은 곡식으로 술을 빚을 때에는 발효시켜 주는 누룩이 꼭 필요해. 밀이나 찹쌀을 살짝 쪄서 물로 반죽한 다음 천에 싸서 **누룩 틀**이나 **누룩 고리**에 넣고 발로 꾹꾹 밟아서 누룩을 만들어. 이렇게 하는 것을 '누룩 딛기' 라고 하는데, 오래 밟으면 밟을수록 더 좋은 누룩이 나와서 술 맛도 좋아진대. 누룩 틀은 소나무 널빤지를 맞추어 네모지게 만들고 누룩 고리는 짚을 둥글게 엮어 만드는데, 이것으로 누룩 꼴을 예쁘게 만들 뿐만 아니라 알맞은 크기를 잡아 주어서 발효가 잘 되게 돕는 거야. 누룩 틀에 디딘 반죽에 곰팡이와 효모균을 앉히고 일주일에서 한 달 남짓 띄우면 누룩곰팡이가 고루 피어서 향긋한 냄새가 나는 누룩이 되지.

쌀을 어떻게 익혀서 술밥을 만드느냐에 따라 술 맛이 달라져. 쌀을 그대로 시루에 찌거나 가루를 내어 떡처럼 찔 수도 있고, 죽을 쑤어서 술을 빚을 수도 있지. 우리 조상들이 흔히 쓰던 방법은 멥쌀가루에 뜨거운 물을 부어 설익히는 거야. 살짝 익힌 술밥에 잘게 부순 누룩 가루를 넣고는 끓여서 식힌 물을 부어 버무려서 **술독**에 켜켜이 담아. 진흙으로 빚어 구운 술독은 음식을 발효시키기에 더없이 좋은 그릇이지. 겉에 술 주(酒) 자를 써서 술독이라는 것을 알리는 것은 물론 말 두(斗)자로 술 양까지 표시했어. 또 술맛과 향을 지키려고 술독에 다른 음식은 절대로 담지 않았대. 술을 담그는데 들이던 정성이 얼마나 대단했는지 알 수 있지. 이 술독을 서늘한 곳에

누룩 고리

누룩 틀

술독

두면 부글부글 거품을 내면서 술이 익는데, 짧게는 사흘, 길게는 백 일이 지나면 다 익게 돼. 이렇게 해서 나오는 술이 바로 희고 걸쭉한 막걸리야.

막걸리가 다 익으면 술독에 **용수**를 박아 걸러야지. 용수는 대오리나 싸릿대로 엮은 둥근기둥 꼴 바구니야. 술독에 용수를 박아 두고 하루 이틀 지나면 그 안에 향긋하고 맑은 술만 고이는데, 이 술이 바로 청주야.

청주를 다시 **소줏고리**에 고아서 내리면 소주를 얻을 수 있어. 소줏고리는 눈사람처럼 허리가 잘록한 오지그릇인데, 허리 위쪽에 길쭉한 귀때가 아래를 보고 달려 있지. 가마솥에 술을 부어 그 위에 소줏고리를 올려놓고 끓이면 뜨거운 김이 올라와. 이때 소줏고리 위에 차가운 물이 담긴 그릇을 얹어 놓거나 뚜껑 위로 찬물을 부어 주면 뜨거운 김이 식어서 액체가 되어 귀때로 흘러내리는 거야. 가마솥과 소줏고리 사이, 소줏고리와 뚜껑 틈새에는 밀가루 반죽을 붙여서 김이 빠져나가는 것을 막아야 해. 이렇게 여러 번 되풀이하면 더 독한 소주를 만들 수 있어.

이렇게 만든 술은 술독에 담아 두고 술병이나 주전자에 조금씩 덜어 마셨어. 술도가에서는 커다란 술독에 담긴 술을 나무로 만든 **술통**이나 옹기 술병인 **술춘**에 덜어서 집집마다 날라 주었지. 술춘은 무겁기도 하고 깨질 염려가 있어서 술통을 많이 썼대. 나무통에 술을 담으면 혹시 새지는 않을까 걱정된다고? 그건 걱정하지 않아도 돼. 나무는 물기를 빨아들이는 성질이 있어 나무 술통에 술을 담아 두면 나무가 불어나면서 신기하게도 틈새가 없어지거든.

술 빚는 과정을 찬찬히 살펴보니까 어때? 누룩 띄우기부터 시작해서 다 만든 술을 술독에 담아 두기까지는 적지 않은 시간과 노력이 필요하지만 그만큼 정성이 많이 들기에 술맛도 더 좋아지는 거야. 조상들의 여유와 마음 씀씀이를 우리도 배우면 좋겠어.

용수

소줏고리

술통

술춘

술병

어른들이 술을 담아 놓고 따라 마시는 병이 술병이야. '주병' 이나 '주호' 라고도 하지. 큰 독에 담긴 술은 따라 마시기가 불편해서 크기가 작은 술병에 덜어 마셨어. 잠깐 동안 담아 둘 수도 있고 가지고 다니기에도 좋으니까 말이야.

시대나 지방마다 술병 생김새가 달라. 고려 시대 술병은 청자로 만들었어. 목이 길고 입이 살짝 벌어진 데다가 몸은 통통하게 생겼지. 조선 시대에는 분청사기나 백자, 옹기로 술병을 만들었어. 고려 시대 것에 견주어 생김새도 여러 가지야. 그 가운데 옹기 술병은 고려청자나 조선 백자 술병 생김새를 본뜬 게 많아. 겉에 석간주나 검은 기름칠을 한 술병도 있고, 호리병박이나 나무로 만든 것도 있지.

이렇게 여러 가지 술병이 있는 만큼 술병마다 어울리는 술이 따로 있어. 도자기나 나무, 박으로 만든 술병에는 소주나 청주, 약주를 담고 오지로 만든 술병에는 막걸리를 담는 거야. 그러면 술맛이 변하지 않는대.

술병 하면 아줌마네 이모 생각이 나. 이모가 어렸을 때, 어느 비 오는 날에 술심부름을 하게 된 거야. 술도가가 멀리 있어서 형제들끼리 서로 미루다가 할아버지 불호령을 듣고는 하는 수 없이 이모가 집을 나서게 되었지. 술도가에 가서 술병에 술을 한가득 받아 집으로 오는데, 배도 고프고 화도 나고 해서 술을 한 모금 마셨대. 먹어 보니 달짝지근한 게 맛이 있거든. 홀짝홀짝 먹으면서 오다 보니 어느새 다 마셔 버렸지 뭐야. 그러고 집에 왔으니 그 다음엔 어떻게 되었겠니? 술기운 때문에 오자마자 툇마루에 쓰러져 곯아떨어졌지. 그 흔하던 술병이 사라지고 이제 양은 주전자가 그 자리를 대신하게 됐지만 막걸리를 마실 때마다 술병에 술을 받아 오던 이모의 추억이 떠올라.

술잔 술을 따라 마시는 술잔은 옥, 나무, 놋쇠, 은, 청동, 흙 들로 만들어. 뚜껑이나 굽, 손잡이, 잔 받침이 딸리기도 하지. 막걸리처럼 독하지 않은 술은 막사발 같은 큰 그릇에 담아 마시고, 소주처럼 독한 술은 작은 잔에 따라 조금씩 마신대.

가을걷이

뒤주

뒤주는 곡식을 담아 두던 나무 궤야. 지방에 따라 '도궤', '두도', '두주' 라고도 해. 예전에는 뒤주를 대청마루 가운데에 두거나 부엌에 딸린 찬마루 또는 찬방에 두고 자물쇠를 채워 두었어. 그 집안의 살림을 도맡아 하는 안방마님이 허리춤에 열쇠를 차고 있다가 필요할 때마다 열어서 곡식을 퍼냈지.

두꺼운 널빤지나 통나무로 만드는데 별다른 꾸밈없이 둔하고 튼튼하게 생겼어. 흔히 위로 뚜껑을 내고 바닥에는 네 발을 높이 달아. 그러면 뒤주 안으로 물기가 스며들지 않고 바람이 잘 통해서 오랫동안 곡식이 상하지 않거든. 그리고 쥐가 뒤주 속에 들어가는 것도 막아주지. 담는 곡식에 따라 쌀뒤주와 잡곡 뒤주로 나누어 부르기도 해. 쌀뒤주는 쌀 한두 가마니가 들어갈 만큼 크고 잡곡 뒤주는 그보다 작아. 집 안에 두는 뒤주 말고 마당 한쪽에 곳간만 하게 만든 나락뒤주라는 것도 있어. 또 대오리로 짠 배부른 항아리 꼴 뒤주도 있지. 크기나 재료에 상관없이 곡식을 담아 두는 것을 모두 뒤주라고 불러.

'도깨비 쌀뒤주' 이야기 들어 본 적 있니? 어느 동네에선가 어려운 사람들이 끼니를 거르지 않기를 바라는 마음에 이 도깨비 쌀뒤주라는 것을 만들었대. 동사무소 한쪽에 마련한 뒤주에 동네 사람들이 조금씩 쌀을 부어 놓으면 필요한 사람들이 와서 퍼 가는 거지. 처음 이 뒤주를 만들 때에는 쌀이 금세 떨어지지 않을까 하고 걱정을 많이 했대. 그런데 지금까지 한 번도 쌀뒤주가 빈 적이 없다는 거야. 동네 사람들의 따뜻한 정이 느껴지는 이 이야기를 듣고 가슴이 찡했어.

뒤주와 짝을 이루기도 하는 자물쇠는 소중한 것을 지키거나 가구와 문을 꾸미는 데 쓰는 도구야. 물고기나 거북 생김새를 본떠 만들기도 하고 좋은 뜻이 담긴 글을 새기기도 했지. 가장 흔하게 쓰인 것이 'ㄷ자형 자물쇠' 인데, 잠기는 부분이 ㄷ자처럼 생겨서 그런 이름이 붙었어.

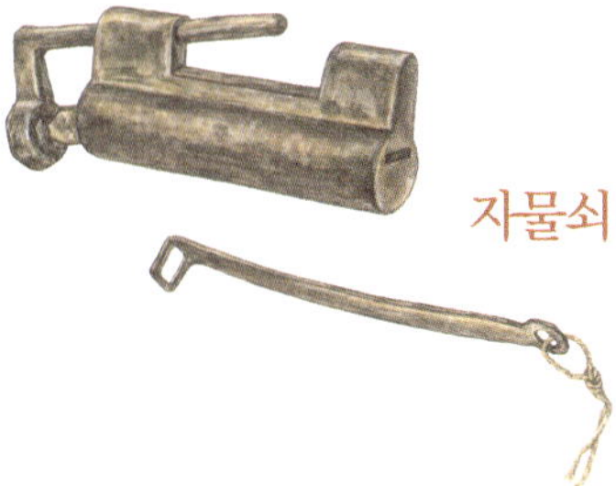
자물쇠

채반

채반은 싸리나 대오리 들로 넓적하게 만든 그릇이야. 광주리보다 운두가 낮아서 곡식 같은 먹을거리를 널어 말리거나 전, 부침 들을 펼쳐 식히는 데 쓰지. 채반은 넓은 바닥을 쓰는 그릇이라서 흔히 울이 없이 넓게 만들어.

아줌마한테는 대나무로 만든 채반이 열 개도 넘게 있어. 갖가지 전을 부쳐서 둥그렇게 돌려서 담아 놓기도 하고, 김치를 담글 때에는 절인 배추 물기를 빼느라 배추를 차곡차곡 쌓아 놓기도 하지. 또 아줌마는 뭐든지 말리는 것을 좋아해. 날씨가 서늘해지고 바람이 솔솔 부는 볕 좋은 늦가을이 말리기에 딱 좋은 날이야. 버섯, 가지, 호박, 무 들을 얇게 썰어 채반에 널어놓으면 한나절 만에 벌써 꾸덕꾸덕 마르지. 사흘쯤 말리면 아주 바삭해져. 늙은 호박을 길게 썰어 말리면 호박고지가 되고, 서리가 내리기 전에 딴 땡감 껍질을 벗겨서 채반에 널어놓고 한두 주 잊고 있노라면 어느새 말랑거리는 곶감이 되기도 하지. 수삼을 말리면 건삼이 되고, 햇대추를 말리면 한 해 내내 쓸 수 있어. 또 나물을 말려서 잘 갈무리해 두면 겨우내 아주 훌륭한 먹을거리가 돼. 물 좋은 조기를 잘 손질해서 짭짤하게 소금을 친 후에 채반에 말리면 굴비가 되는데, 이 굴비를 석쇠에 구워 먹으면 정말 밥도둑이 따로 없지.

채반에 말리는 먹을거리 가운데 가장 귀한 것은 육포와 어란이야. 육포는 넓적하게 저민 쇠고기를 말린 것이고 어란은 생선 알을 말린 거야. 바람이 잘 부는 그늘에서 말리는데, 이따금 참기름을 발라주면 더 맛있어져. 이렇게 잘 말린 육포와 어란은 할아버지 술안주로 쓰거나 귀한 손님이 오셨을 때에만 조금씩 내놓았지. 육포나 어란을 말릴 때에는 벌레가 꼬이기 마련이라 꼭 얇은 천으로 덮어 줘야 해. 그래도 아줌마는 아무도 모르게 조금씩 뜯어 먹었는데, 할머니는 다 알고 계셨나 봐. 어스름한 무렵에 채반을 거두면서, "우리 집에 아주 큰 쥐가 사네." 하셨지. 그 큰 쥐가 바로 나라는 걸 그땐 몰랐어.

망태기

애들아 나오너라 달 따러 가자 / 장대 들고 망태 메고 뒷동산으로

뒷동산에 올라가 무등을 타고 / 장대로 달을 따서 망태에 담자

망태기는 짚을 엮어서 만든 주머니야. 흔히 줄여서 '망태' 라고 하지. 지역에 따라 '구럭' 이나 '깔망태' 라고 하기도 해.

짚을 가늘게 꼰 새끼를 그물처럼 성기게 엮어 만드는데, 짐을 넉넉히 담을 수 있을 만큼 큼지막하고 속이 깊은 네모꼴이야. 어깨에 메고 다닐 수 있게 긴 끈을 달고, 끈에는 칡덩굴, 왕골, 가래나무 껍질 같은 것을 감아서 튼튼하게 만들어.

망태기에는 무엇이든지 넣을 수 있어. 곡식이나 감자, 옥수수 같은 것을 나르거나 사냥하러 갈 때에도 썼지. 사냥하러 가면 며칠씩 산속에서 지내야 하잖아. 그럴 때 먹을거리, 옷가지, 칼이나 낫 같은 것을 다 넣어 가지고 다니는 커다란 주머니가 바로 망태기야. 또 망태기에 사냥한 짐승을 담아 오기도 했는데, 크기가 넉넉해서 꿩 대여섯 마리는 넣을 수 있었어. 여름에는 망태기에 음식을 넣어 나르기도 했어. 바람이 잘 통해서 무더운 여름에도 음식이 쉽게 상하지 않거든. '게도 구럭도 다 잃는다' 라는 속담이 있는 것을 보면, 게 잡으러 갈 때에도 망태기를 메고 갔나 봐. 게를 잡아서 망태기에 넣으면 발이 새끼에 걸려서 게가 빠져나가기 힘들 거야.

산이 많은 강원도 지방에서는 '주루막' 이라는 주머니를 많이 써. 생김새는 망태기와 비슷한데, 망태기를 만들 때보다 새끼를 가늘게 꼬아서 더 촘촘하게 엮어. 주둥이에 고리를 달고 끈을 꿰어서 이 끈을 잡아당기면 주둥이를 죌 수 있지. 끈 끝 부분은 주머니 아래쪽에 양옆으로 매어 어깨에 멜 수 있게 만들었어. 험한 산자락을 타고 다니면서 약초나 산삼을 캐는 심마니들이 배낭처럼 메고 다녔지.

주루막

뒤웅박

뒤웅박은 박을 타지 않고 꼭지 언저리에 손이 들어갈 만하게 구멍을 뚫어서 속을 파내어 말린 바가지야. 흔히 둥근 박으로 만들지만 호리병처럼 위가 좁다랗고 밑이 넙데데한 박으로도 만들어. 깨지지 말라고 대나무를 얇게 쪼갠 대오리를 그물처럼 엮어서 싸 주기도 했지. 박뿐만 아니라 흙으로 빚어 오짓물을 발라 구워서 만들기도 하고, 박이 나지 않는 곳에서는 짚으로 엮어서 만들기도 했대.

구멍을 작게 뚫은 뒤웅박에는 곡식이나 씨앗 같은 것을 담아 처마 밑이나 방문 밖에 매달아 두었어. 성냥같이 손쉽게 쓰는 물건을 넣어 부엌에 걸어 두기도 했고. 달걀이나 밥을 넣어 두는 것은 구멍을 좀 더 크게 뚫어. 여름에 뒤웅박 속에 밥을 넣어 두면 박이 물기를 빨아들여서 밥이 잘 쉬지 않았지. 또 긴 줄에 매달아 우물물을 긷는 데 쓰기도 했어.

옛말에 '끈 떨어진 뒤웅박' 이라는 속담이 있지? 두레박 대신에 쓰는 뒤웅박에서 끈이 떨어지면 아무 쓸모가 없겠지. 끈이 떨어진 뒤웅박은 우물 속을 외로이 둥둥 떠다닐 수밖에 없잖아. 그래서 의지할 데가 없어져 외롭고 불안하게 된 신세를 두고 '끈 떨어진 뒤웅박 같다' 고 해. 또 뒤웅박은 안에 넣어 두는 물건에 따라 쓰임새나 가치가 달라지지. 부잣집에서는 뒤웅박에 쌀 같이 귀한 것을 담고, 가난한 집에서는 여물 같은 것을 담아 윗목 천장이나 방문 밖에 매달아 둔대. 여기에서 '뒤웅박 팔자' 라는 말이 생긴 거야. 그 밖에도, 되는 대로 만든 뒤웅박처럼 생김새가 볼품없고 미련해 보인다는 뜻으로 '뒤웅스럽다' 라는 말을 해. '뒤웅박 신은 것 같다' 는 말은, 밑이 둥근 뒤웅박을 신으면 제대로 걸을 수 없는 것처럼 어떤 일이 되어 가는 모습이 위태위태하다는 뜻이야. 이렇게 뒤웅박을 두고 여러 가지 이야기가 있는 것을 보면, 뒤웅박은 우리 생활에서 빼놓을 수 없는 살림살이였나 봐.

겨울

젓갈 항아리
옹배기
자배기
앵병
절구
메주 틀
두부 틀
시루
떡판과 떡메
함지박
쟁반
가위
화로
곰방대와 장죽
등잔
요강
약연
약절구
약탕기
약틀

겨울

겨울은 한 해 가운데 가장 춥고 긴 계절이야. 또 한 해를 마무리하는 계절이기도 하지. 사람들은 묵은 것을 버리고 새로운 마음으로 한 해를 맞이해. 세상 모든 생명들은 잠시 잠을 자거나 쉬면서 다시 살아갈 힘을 모으지. 텅 빈 논과 들판, 나뭇잎이 다 떨어진 산은 쓸쓸해 보이기도 하지만, 새로운 봄에 다시 태어날 것을 알기에 기다리는 거야. 그러니 겨울은 죽음의 계절이 아닌 부활의 계절이라고 할 수 있어. 고즈넉한 들판에 눈이 내려 온 세상이 하얗게 되면 아이들은 밖으로 나와 추운 줄도 모르고 뛰어놀지. 이렇듯 겨울은 사람들한테 휴식을 주고, 바쁜 삶에서 잠시 벗어날 수 있는 여유를 주며, 자기 자신을 돌아보는 반성의 시간을 갖게 해.

입동(立冬)이 되면 본격적인 겨울에 들어서게 돼. 그래서 겨우내 두고 먹을 김장을 하지. 입동 때 한 김장은 산뜻하고 깊은 제 맛이 나거든. 옛날에는 여인들이 마을 우물가에 모여서 배추를 절여 놓고 씻는 모습이 대단했다고들 해. 겨울 살림을 준비하는 가장 큰 행사여서 그 양도 엄청났지. 우리나라는 주식이 쌀과 잡곡이잖아. 탄수화물을 소화하려면 고기를 먹었을 때보다 더 많은 소금기가 필요해. 그래서 우리나라 사람들은 대체로 음식을 짜게 먹는 편이야. 장, 젓갈, 장아찌, 김치 같은 소금에 절인 음식과 발효 식품이 발달하게 되었지. 김장을 해서 땅속에 파묻어 두고 한 포기씩 꺼내 먹으면 언제나 싱싱한 김치 맛을 즐길 수 있었어. 음력 10월 10일에는 햇곡식으로 시루떡을 쪄서 집안 신한테 제사를 지내고 이웃들과 떡을 나눠 먹었다고 해.

소설(小雪)로 접어들면 살얼음이 잡히면서 땅이 얼고 눈이 내리기 시작해. 시래기를 엮어 처마 끝에 달아매고 찬 바람에 얼리면서 말리지. 이렇게 하면 시래기 맛이 달아진대. 무말랭이와 곶감도 말려서 겨울 살림에 보탰어. 바닷가 마을에서는 명태를 잡아 말려서 북어를 만들고 미역과 다시마도 뜯어다 말려. 날씨가 추워 상할 걱정

이 없으니 생선 말리기에도 좋은 때지.

대설(大雪)은 큰 눈이 온다는 절기야. 가을에 추수한 콩으로 메주를 쑤는 것이 대설 즈음에 해야 할 큰일이지. 김장 김치와 더불어 오래 두고 먹는 양념이 간장과 된장인데, 그 간장과 된장을 담그려면 재료인 메주를 잘 쑤어야 하거든. 잘 불린 콩을 무르게 삶아 건져서 절구에 찧고 네모지거나 둥글게 모양을 잡아 집 안에서 말려. 그 다

음에 짚에 싸서 잘 띄우면 돼. 메주를 띄울 때 생기는 푸른곰팡이가 바로 메주를 발효시키는 균이야. 곰팡이가 낀 음식은 먹으면 안 된다고? 걱정할 필요 없어. 푸른곰팡이는 메주를 발효시키면서 암세포를 없애는 물질을 만들어 줘. 게다가 장을 담그면서 씻고 말리는 사이에 모두 사라지거든. 그러니 몸에 좋은 간장과 된장을 자랑스러운 마음으로 먹어야지.

동지(冬至)는 한 해 가운데 밤이 가장 긴 날이야. '동지섣달 기나긴 밤……' 하는 노래도 있는 걸 보면, 해가 짧은 동짓날 밤이 얼마나 길었는지 짐작할 수 있지. 동지에는 팥죽을 끓여 먹으면서 나쁜 기운을 막고 건강을 지켰어. 팥을 잘 삶아 쌀을 넣고 끓이다가 찹쌀로 반죽한 동그란 새알심을 넣는데, 이 새알심을 나이 수대로 먹는 거래. 팥죽을 끓이면 먼저 사당에 바치고 방과 장독간, 헛간 벽에도 뿌렸어. 액땜을 하려는 뜻도 있지만 까치밥처럼 생명 있는 것들과 나눠 먹겠다는 표현이기도 해. 제사를 지내고 나서 "고수레~" 하면서 떡이나 음식을 덜어 뿌리는 것도 사람뿐 아니라 들짐승과 산새들과도 그 음식을 나눠 먹겠다는 마음에서 나온 풍습이지. 우리 조상들은 사람이 혼자서만 살 수 없듯이, 사람이 사람하고만 살 수도 없다고 생각했어. 세상 만물과도 함께 살아야 한다고 믿었지. 그래서 과일을 거둘 때는 까치밥으로 한두 개쯤 남겨 두고 제사를 지낼 때는 제물을 덜어 고수레를 했던 거야. 요즘에도 새로 이사를 가면 떡을 해서 이웃에 돌리잖아. 이것도 더불어 살고자 하는 마음이 내려오기 때문이지. 동지부터 섣달그믐까지는 시어머니나 시누이, 동서들한테 버선을 만들어 주는 풍습이 있었대. 오래 살라는 뜻을 담았다는데, 옛날에는 모두 버선을 신고 다녔으니 아주 쓸모 있는 선물이기도 했지. 가을에 심은 보리가 싹이 트고 자라나면 보리밟기를 했어. 추위에 땅이 얼어 부풀면 그 흙 사이로 찬 바람이 들어가서 보리가 얼어 죽을까 봐 땅을 꼭꼭 밟아 다져 주는 거야. 아이들은 놀이 삼아 하루 종일 보리밭에서 보리밟기를 하기도 했어. 눈이 내리면 이불처럼 보리를 덮어 주어서 얼지 않는다고 해.

소한(小寒)은 작은 추위란 뜻이지만 실제로는 가장 추운 때야. 그래서 '대한이 소한 집에 놀러 갔다가 얼어 죽었다', '소한 얼음이 대한에 녹는다'는 말도 있지. 이렇게 찬 바람이 쌩쌩 불어 살을 엘 듯이 추우면 사람들은 바깥일을 삼가고 집 안에서 지내. 남자들은 사랑방에 모여 앉아 짚으로 새끼를 꼬거나 짚신, 망태기, 가마니 들을 엮었어. 겨우내 만든 살림살이는 농사일로 가장 바쁜 봄, 여름에 아주 쓸모 있었지. 여자들은 안방에서 베를 짜거나 바느질을 해서 옷과 이불을 만들었어. 소가 먹을 여물을 쑤고, 마당과 집 앞에 쌓인 눈을 치우고, 아궁이에 불을 때고, 잘 마른 장작도 패고…….

겨울에도 할 일은 많아. 그렇다고 매일 일만 한 것은 아니야. 여럿이 동네 사랑방에 모여 윷놀이를 하면서 즐겁게 놀기도 했어. 차갑게 굳혀서 만드는 족편과 추위를 견디려고 뜨겁게 끓인 신선로도 먹으면서 말이야.

대한(大寒)은 막바지 추위가 오는 때야. 하지만 소한 때보다는 포근해져서 날씨가 점점 풀리는 때이기도 해. 새해를 맞이해서 복주머니나 복조리를 만들어 두기도 하지. 춥고 긴 밤에는 화롯불을 피워 놓고 할머니 옛날이야기를 듣다가 잠이 들거나, 호롱불 밑에서 바느질하는 어머니 자장가를 들으며 잠이 드는 아이들이 많았어. 배가 고플 때는 텃밭에 움을 파고 묻어 둔 무를 캐다가 깎아 먹거나 광에 넣어 둔 고구마를 아궁이에 구워 먹기도 하고 잘 말린 곶감이나 엿을 먹기도 했지. 밥상에는 가으내 말려 둔 나물로 무친 묵나물과 된장에 지진 시래기가 자주 올라. 할아버지와 아버지는 강가에 나가서 얼음을 깨고 겨울 낚시를 하시고, 애들은 호수나 강가에서 얼음지치기를 했어. 새해에는 조상님께 제사를 지내고 온 식구가 모여서 잔치를 벌였어. 설날 아침에 아이들은 어른들께 세배를 드리고 어른들은 아이들에게 덕담을 해 주는 풍습도 오늘날까지 내려오지.

겉으로 보기에는 다 죽은 것 같고, 잠자는 것 같고, 움직이지 않는 것 같은 겨울이지만, 그것은 다음에 더욱 큰 활동을 하려고 잠시 쉬면서 준비하는 시간이야. 이 시간이 없다면 나무는 더 이상 꽃을 피우거나 열매를 맺지 못하고, 동물은 새끼를 낳거나 자라지 못할 거야. 사람도 마찬가지지. 더운 여름에 땀 흘리며 힘써 일한 만큼 겨울엔 쉬면서 힘을 보충하고 자신을 돌아보면서 모자란 것을 채우는 시간이 필요한 거지. 이렇게 겨울을 건강하게 나면 다음 해엔 더욱 열심히 살아갈 수 있는 힘이 생겨.

이처럼 우리네 살림살이도 봄, 여름, 가을, 겨울이라는 사계절에 맞춰서 자연스럽게 돌아가고 있어. 사실 살림은 집에서 어머니가 밥 짓고 청소하고 빨래하는 것만이 다가 아니야. 우리가 살면서 하는 모든 활동이 다 살림이라고 할 수 있지. 농사를 짓고,

집을 짓고, 집짐승을 키우고, 담을 쌓고, 농기구를 만들고, 다 자란 자식을 혼인시키는 것까지 말이야. 그러니 어느 한 사람 힘만으로 할 수 있겠어? 남자와 여자, 어른과 아이 할 것 없이 다 같이 마음을 모아서 했지. 살림이란 죽어 가는 것을 살리는 지혜이자 나와 남의 생명을 살리는 일이지. 그러니 무엇보다 값지고 아름다운 것임이 틀림없어. 그 살림을 도와주는 살림살이들이 너희들한테도 소중한 것으로 여겨지길 바랄게.

김장

젓갈 항아리

젓갈 항아리는 이름 그대로 젓갈을 담아 두는 항아리야. 다른 항아리와는 생김새가 달라서 언뜻 보아도 젓갈 항아리라는 것을 금세 알아볼 수 있어. 젓갈을 담아 옮길 때 깨지는 것을 막고 항아리 여러 개를 빈틈없이 놓으려고 배가 부르지 않게 만들거든. 그러니까 둥근기둥 꼴로 길쭉하지. 질그릇으로 만드는데 잿물은 잘 입히지 않아. 그래야 바람이 통해서 젓갈이 더 잘 발효되거든.

젓갈 항아리는 멸치젓 항아리, 새우젓 항아리, 곤쟁이젓 항아리로 나누기도 해. 멸치젓 항아리는 주둥이가 넓고 아래로 갈수록 좁아져. 새우젓 항아리는 충청도 위쪽에서 널리 쓰이는데, 주둥이와 바닥 둘레가 거의 같아. 곤쟁이젓 항아리는 새우젓 항아리와 생김새가 같지만 크기가 훨씬 작아.

예전에는 젓갈 장수가 달구지나 지게에 젓갈 항아리를 싣고 마을마다 다니면서 젓갈을 팔았어. 젓갈 장수한테서 젓갈을 사면 항아리도 거저 딸려 왔지. 그래서 항아리째 두고 조금씩 덜어 먹었어. 또 김장철이 되면 남해안과 서해안 포구가 새우젓을 사려는 사람들로 북적거렸어. 충청도와 전라도에서 만든 젓갈을 배에 실어 서울 마포나루에 부려 놓으면, 젓갈 장수가 그 젓갈을 사서 지게에 지고 "새우젓 사려~ 곤쟁이젓 사려~" 구수하게 외치면서 골목마다 누비고 다녔지.

우리 할머니는 집에서 젓갈을 담그셨어. 싱싱하고 물 좋은 제철 생선을 한 궤짝씩 사서는 소금을 듬뿍 쳐서 젓갈 항아리에 차곡차곡 넣어 두시는 거야. 그렇게 한참을 삭히면 국물이 맑은 액젓이 되는데, 이것을 달여서 김장할 때 쓰셨어. 그래서 그런지 우리 집 김치는 감칠맛 나고 쨍하게 시원하기로 동네에서 이름이 높았어. 어머니는 지금도 우리 집 김치 맛의 비밀은 할머니가 손수 담그신 액젓에 있다고 말씀하시지. 뒷맛이 쨍한 할머니 김치를 생각하니까 금세 입안에 군침이 도는걸.

옹배기

옹배기는 흙으로 빚어서 잿물을 입히고 다시 구운 옹기야. 질그릇 옹배기도 있지만 옹기로 만든 것보다 약하고 잘 깨져서 오래 쓸 수 없어. '옹자배기' 라고도 하는데, 자배기보다 운두가 높고 바닥이 좁아. 들고 다니기 편하게 자배기처럼 양쪽에 손잡이를 달지. 자배기, 소래기와 함께 세 자매인 이 옹배기는 가장 깊이 있는 맏언니라고 할 수 있어.

옹배기는 부엌에서 널리 쓰던 그릇이야. 채소를 담고 김치를 절이거나 무치고 떡이나 술 빚을 쌀을 담가 놓을 때에도 썼지. 귀때가 달린 것을 '귀 옹배기' 또는 '귀때 옹배기' 라고 하는데, 액체를 따르기 쉬워서 막걸리를 담거나 조청을 고거나 죽을 쑬 때 썼어.

아줌마는 남동생이 둘 있어. 두 살 터울인 남동생들은 어려서 장난이 무척 심했지. 특히 막냇동생은 동네에서도 알아주는 개구쟁이였어. 하루는 집안에 잔치가 있어서 떡을 하려고 옹배기에 떡쌀을 담가 놓았어. 그날따라 초등학교에도 안 들어간 막내가 하루 종일 할머니를 졸라 대는 거야. 십 원만 달라고. 그때 십 원이면 팥소가 들어간 풀빵 열 개, 커다란 얼음과자 하나를 살 수 있었어. 종이 인형 놀이를 할 수 있는 그림 종이 두 장, 종이 딱지에 양철로 만든 계급장, 구슬 열 개를 살 수 있는 적잖은 돈이었지. 할머니는 막내의 성화를 다 받아줄 수 없어서 돈을 안 주셨어. 그랬더니 성이 난 막내가 쌀을 담가 놓은 옹배기에 오줌을 싸더래. 마당에 계시던 할머니가 급히 달려오시기도 전에 옹배기마다 찔끔찔끔 오줌을 싸 버린 거야. 그 뒤는 어찌 됐는지 알 만하지? 종아리를 흠씬 맞고도 모자라 마루 한 귀퉁이에서 손을 들고 벌을 서다가 그만 지쳐 잠이 들고 말았대. 할머니와 어머니는 옹배기에 담긴 쌀을 씻어 내고 물을 받아 여러 번 헹구는 수고를 하셨지. 그 떡 맛이 어땠는지는 잊어버렸지만 지금도 식구들이 모이면 막냇동생이 장난친 얘기를 하면서 웃는다니까.

자배기

자배기는 아가리가 둥글고 넓게 벌어진 옹기그릇이야. 소래기보다 운두가 높고 바닥이 넓은데 바깥쪽에 손잡이가 달렸지. 닮은꼴 그릇을 깊이순으로 보면, 옹배기가 가장 깊고 그 다음이 자배기, 가장 얕은 것이 소래기야.

자배기는 서민들 부엌살림으로 널리 쓰였어. 보리 같은 곡식을 넣고 물을 부어 가면서 찧을 때, 채소를 씻거나 절이거나 담아 놓을 때도 썼지. 나물을 삶아 불리거나 떡쌀을 담가 놓을 때도 쓰고 때로는 설거지통이 되기도 했어. 쳇다리를 얹어 술을 거르거나 장을 거르기도 했고 맷돌을 올려 콩을 갈기도 했지. 강릉 지방에는 두 아름이나 되는 커다란 자배기가 있는데, 바닷물을 떠서 이 자배기에 담아 두고 간수를 얻는대. 이 간수로 두부를 만드는 거야. 또 개자배기라는 아주 큰 자배기에는 물을 붓고 도토리를 담가서 아린 맛을 우려낸대. 경상도와 전라도에서는 운두를 높게 해서 항아리 뚜껑으로도 써.

자배기를 보면 할머니가 만드시던 구수한 두부가 생각나. 할머니는 명절이나 귀한 손님이 오시는 날이면 두부를 만드셨어. 메주콩을 깨끗이 씻어 물에 불려 두었다가 다음날 아침에 건져. 커다란 자배기에 나무로 만든 쳇다리를 얹고 그 위에 맷돌을 올려서 불린 콩을 갈지. 다 갈면 자루에 넣고 콩 물을 짜내. 이 콩 물을 가마솥에 넣고 펄펄 끓이다가 간수를 넣으면 콩 물이 엉기기 시작하는데, 이게 바로 순두부야. 이 순두부를 두부 틀에 붓고 무거운 돌로 짓눌러 놓으면 물기가 빠지고 단단한 두부가 돼. 할머니는 두부가 다 될 무렵에 맛있는 양념장을 만드셔. 파, 마늘, 깨소금과 참기름을 넣은 간장에 뜨끈뜨끈한 두부를 큼직하게 썰어서 찍어 먹으면 전날부터 기다린 보람이 있는 거지. 부엌을 드나들면서 두부를 날름날름 집어 먹는 우리를 보고 할머니는 웃으며 말씀하셨어. 팥죽 단지에 생쥐 달랑거리듯 한다고 말이야.

소래기는 자배기보다 작고 딱 항아리 뚜껑처럼 생겼어. 쓰임새가 여러 가지인데, 곡식을 담아 두거나 채소를 씻거나 김치를 버무리고 묵을 굳힐 때도 썼지. 서울이나 경기도 지방에서는 보통 때 독이나 항아리에 덮어 두었다가 필요하면 가져와서 음식 만드는 그릇으로 썼어.

앵병

앵병은 목이 긴 질그릇이야. 병이라고 하기에는 목이 짧지만 항아리라고 하기에는 긴, 어중간한 그릇이지. 목이 좁고 길어서 안에 든 것이 공기랑 닿는 부분이 적잖아. 그래서 청주나 막걸리 같은 술을 담아두기에 좋아. 옛날부터 장처럼 햇볕을 많이 받아야 하는 음식은 아가리가 큰 독이나 항아리에 담고, 공기나 햇볕이 닿으면 안 되는 음식은 주둥이가 작은 그릇에 담아 두었어.

앵병은 술을 담아 두기도 했지만 짠지를 담글 때 많이 썼어. 늦가을에 김장하고 남은 자투리 무를 앵병에 담아 켜켜이 소금을 뿌려 놓는 거야. 이때 소금을 아주 듬뿍 넣어야 무가 상하거나 무르지 않아. 그러면 이듬해 여름까지 짠지 맛을 볼 수 있지. 병에 무를 다 담고 나면 무거운 돌로 짓눌러 놓았다가 소금물을 붓고 주둥이를 막아 그늘에 두면 돼.

겨우내 묵은 무짠지는 이듬해 봄부터 꺼내어 먹을 수 있어. 소금기를 빼고 무쳐 먹거나 나박나박 썰어서 물을 붓고 파와 고추를 송송 썰어 넣어 먹으면 밥 한 그릇은 뚝딱이지. 무짠지를 채 썰어서 푹 지져 먹기도 해. 이렇게 무짠지는 한여름에 잃은 입맛을 돋워 주는 별미였어. 오뉴월에 조선 오이가 나오면 오이지를 담그는데 방법은 무짠지랑 같아. 오이가 누렇게 익으면 꺼내어 무쳐 먹거나 오이냉국을 해 먹지. 이런 짠지는 우리나라 김치의 할아버지뻘이야. 김치에 마늘과 고춧가루를 넣기 시작한 것은 조선 시대부터였으니까 말이야.

어떻게 앵병이라는 이름이 붙었는지 아니? 옛날에 한 옹기장이가 그릇을 새로 만들었는데, 다 만들고 보니 병도 아니고 항아리도 아닌 애먼 그릇인 거야. 그게 마뜩잖았던 옹기장이는 자기도 모르게 "앵?" 하는 소리를 냈고, 그 다음부터 그 그릇을 앵병이라고 부르게 되었대. 그럴듯하면서 재미있는 이야기지? 생김새는 어중간해도 맛있는 짠지를 먹을 수 있게 해 주니 앵병은 참 고마운 그릇이야.

메주 빚기

메주 띄우기

절구

절구는 곡식을 찧거나 빻을 때 널리 쓰던 살림살이야. 예전에는 집집마다 절구가 하나씩은 꼭 있어서, 양념을 빻거나 메주콩을 찧거나 떡을 칠 때에도 썼어.

통나무 속을 깊게 파서 만든 나무절구가 흔했고 살림이 넉넉한 집에서나 돌절구를 쓸 수 있었지. 위아래 굵기가 같은 것이 대부분이지만, 남부 지방에는 허리가 잘록하게 들어간 것도 있대. 크기가 여러 가지여서, 두 사람이 마주 서서 절구질할 만큼 큰 절구도 있고 양념을 다질 때 쓰는 작은 것도 있어. 어떤 것은 손 안에 들어갈 만큼 아주 작아. 절굿공이는 나무로 만든 것을 많이 썼어. 양 끝은 둥글고 손으로 잡기 편하게 가운데가 잘록 들어갔지. 나무 막대 끝에 둥근 돌을 끼운 것, 길쭉한 돌이나 쇠 방망이 끝에 ㄱ자 꼴 나무 자루를 박은 것도 있어.

아줌마네 집에서 메주 쑤는 날은 집안 잔칫날 같았어. 마당 한쪽에 가마솥을 걸고 군불을 때서 미리 불려 놓은 메주콩을 삶아. 콩이 물러지면 건져서 뜨거울 때 절구에 넣고 찧지. 할머니와 어머니가 절굿공이를 하나씩 들고 마주 서서 절구질을 하시는 거야. 할머니 한 번 쿵, 어머니 한 번 덕. 쿵덕쿵덕 마당에 울려 퍼지는 절구질 소리, 집 안 가득 구수한 콩 냄새. 아이들은 신이 나서 모여들어. 그날만은 삶은 메주콩을 배부르게 먹을 수 있거든. 그 고소하면서도 달짝지근한 맛에 모두 정신없이 먹어 댔지. 그러고는 꼭 배탈이 나서 할머니 잔소리를 귀가 따갑게 들어야 했어.

절구 하니까 여름밤에 보름달을 보면서 듣던 옛날이야기가 생각나네. 달에 사는 토끼 두 마리가 절구에 떡을 쳐서 말 잘 듣고 착한 어린이한테 나눠 준다는 이야기. 1969년에 우주선 아폴로 11호가 달에 가서는 방아 찧는 토끼는커녕 풀 한 포기 없다고 밝혔다지. 그래도 여전히 보름달을 보면 쿵더쿵쿵더쿵 떡방아를 찧는 토끼가 보이는 것 같지 않니?

나무절구

돌절구

메주 틀

메주 틀은 메주를 빚을 때 꼴을 잡아 주는 도구야. 흔히 두께가 2센티미터쯤 되는 소나무 판자로 만들어. 어른 얼굴만 한 네모꼴에 위아래가 트여 있지. 또 쳇바퀴에 가는 새끼줄을 촘촘히 말아서 둥근 메주 틀을 만들기도 해. 이런 메주 틀을 쓰면 동글납작한 메주가 나오지. 정해진 크기나 생김새가 있는 게 아니라 손으로 알맞게 빚어서 만들면 되지만, 옛날 사대부 집에서는 손쉽게 같은 크기, 같은 꼴로 빚으려고 메주 틀을 썼던 것 같아. 메주 틀 크기가 저마다 다른 것을 보면 집집마다 만든 메주 크기도 다 달랐나 봐.

메주는 간장, 된장, 고추장을 만드는 데 꼭 들어가는 재료야. 콩을 푹 삶아 절구에 찧은 다음 꼴을 잡아 만들어. 다 빚은 메주는 바람이 잘 통하는 마당 평상 위에 가지런히 늘어놓고 해 질 때까지 꾸덕꾸덕 말려. 이삼 일 되풀이하면 메주가 마르지. 그러면 볏짚을 켜켜이 깔고 메주를 한 달쯤 띄운 다음 새끼로 묶어 처마 밑에 주렁주렁 매달아 말리는 거야. 이렇게 두어 달 띄운 뒤에 장을 담그지. 왜 짚을 쓰냐고? 짚에는 누룩곰팡이가 많이 들어 있어서 메주가 잘 뜨게 도와주거든.

아줌마는 한 해에 한두 가마니씩 콩을 삶아서 메주를 빚어. 메주 틀로 만든 것이 아니라 생김새도 크기도 조금씩 다르지만 네모꼴로 잘 빚은 메주가 얼마나 정감 있는지 몰라. 그런데 왜 못생긴 여자를 보고 메주 같다고 하는 걸까? 메주는 생김새가 네모반듯하고 단정한 데다가 영양가도 듬뿍 들어 있고 우리 음식에 빠져서는 안 될 먹을거리인데 말이야. 이제부터 공주 같다는 말 대신 메주 같다는 말을 쓰면 어떨까? 자기만 예쁘다고 생각하는 사람이나 자기 몸만 아끼는 사람을 '공주'라고 하잖아. 그럼 다른 사람을 소중히 생각하며 예쁘다고 칭찬하는 착한 동무나 다른 사람을 위하는 넓은 마음을 가진 동무한테는 공주보다 한 단계 위인 '메주'라는 이름을 붙여 주자.

두부 틀

두부 틀은 말 그대로 두부를 만드는 틀이야. 긴네모꼴 상자처럼 생겼는데, 바닥과 옆면에 작은 구멍을 뚫어서 물이 잘 빠지게 만들어. 한 모나 두 모짜리 작은 두부 틀도 있어. 예전에는 나무로 만든 것이 흔했지만, 요즘은 나무 대신 플라스틱이나 쇠붙이로 만든 두부 틀을 많이 쓰지.

자, 이제부터 두부를 어떻게 만드는지 얘기해 줄게. 벌써부터 구수한 두부 냄새가 나는 것 같은데. 두부를 만들려면 먼저 콩을 물에 담가 불려야 해. 콩이 불면 물과 함께 맷돌에 넣고 곱게 갈아서 콩 물을 내려. 이 콩 물을 솥에 넣고 끓이다가 덩어리지게 하는 간수를 넣으면 콩 물이 엉기지. 이게 바로 순두부인데, 이대로 먹기도 해. 두부 틀에 베 보자기를 깔고 순두부를 부은 다음 뚜껑을 덮고 그 위에 무거운 돌을 올려놓으면 물기가 빠지면서 네모지고 단단한 두부가 되는 거야.

아줌마가 어렸을 때에는 새벽마다 두부 장수가 손수레를 끌거나 자전거를 타고 다니면서 두부를 팔았어. 딸랑딸랑하는 두부 장수 종소리가 들리면 어머니는 얼른 작은 냄비를 들고 두부를 사러 나가셨어. 두부 상자에는 김이 모락모락 나는 두부가 먹음직스럽게 담겨 있었지. "한 모 주세요.", "두 모 주세요." 하면 아저씨는 작은 칼로 두부를 잘라서 담아 주셨어. 자로 잰 듯이 어찌나 똑바로 자르는지 아주 신기했어. 바로 여기에서 맺고 끊는 것이 분명하다는 뜻의 '두부모 자르듯 한다' 는 말이 나왔겠지.

더알기

두부는 단백질이 많이 들어 있어서 건강 음식으로 손꼽혀. 요즘은 외국에까지 두부의 좋은 점이 알려져서 외국 사람들도 많이 찾고 있지. 우리나라에서는 천 년 전쯤부터 두부를 만들어 먹었대. 《주방문》 같은 옛날 요리책이나 《산림경제》 같은 백과사전에도 두부 만드는 법이 나와 있어.

떡 만들기

시루와 시룻밑

시루는 쌀이나 떡을 찌는 그릇이야. 둥근 통처럼 생긴 질그릇인데 바닥에 구멍이 여러 개 뚫려 있어. 흔히 쓰는 시루는 겉면이 거칠고 윤기 없는 까만 질그릇 시루야. 이 질그릇 시루는 흙으로 만들어서 가볍기도 하지만 물기를 잘 빨아들여서 떡이 보슬보슬하게 잘 쪄지지.

떡을 찌려면 물을 담아 끓일 솥과 시루, 시룻밑이 있어야 해. 시룻밑은 칡덩굴 껍질이나 삼끈으로 엮어 만들기도 하고 짚이나 한지로 새끼를 꼬아 동그랗게 짜서 만들기도 해. 수세미 위아래를 잘라 내고 씨를 발라 펼쳐서 쓰기도 했지. 시루 안에 깔 거니까 시루 바닥에 들어갈 만하게 만들면 되겠지? 솥은 아가리 크기가 시루 밑바닥 크기와 서로 비슷하면 좋아. 이제 떡을 쪄 볼까?

먼저 솥에 물을 붓고 아궁이 위에 올려. 이 솥 위에 시루를 얹고 뚜껑을 덮어 떡을 찌는데, 그 전에 밀가루를 되직하게 반죽해서 솥 아가리와 시루 밑바닥 사이 틈새를 메워야 해. 틈새가 있으면 그리로 김이 빠져서 떡이 잘 되지 않거든. 이것을 시룻번이라고 해. 시루 안에는 시룻밑을 깔아. 그러면 가루가 구멍으로 빠져나가는 것을 막고 물기도 조절할 수 있어. 이제 찔 것을 넣고 불을 때면 솥 안에 있는 물이 끓으면서 뜨거운 김이 시루 바닥에 뚫린 구멍으로 들어가 먹을거리가 골고루 익는 거야. 먼지가 들어가지 않게 삼베 보자기를 씌우고 그 위에 시룻밑보다 더 두껍고 큰 시룻방석을 덮기도 해. 떡을 찌다가 시룻번이 터지면 떡 찌는 사람이 뒷간에 다녀온 거라는 말이 있어. 떡을 찌는 동안에는 오로지 떡에만 정성을 다하라는 거지.

우리나라에서는 솥에 밥을 해 먹기 훨씬 전부터 시루에 곡식 가루나 쌀을 쪄서 떡을 해 먹은 것으로 짐작한대. 우리 속담에 '밥 위에 떡' 이라는 말이 있어. 좋은 일에 더 좋은 일이 겹쳤다는 뜻이야. 밥보다 떡이 더 좋다는 말이지만, 떡이 더 오래된 우리 음식이라는 말이기도 하지.

시루

시룻밑

떡판과 떡메

떡을 칠 때 밑판으로 쓰는 넓적한 나무판을 '떡판' 또는 '안반' 이라고 해. 두껍고 단단한 통나무를 반반하게 깎아서 만드는데, 다리를 따로 만들어 붙이기도 하고 몸체에 다리가 달린 꼴로 깎기도 하지. 한옆이나 가운데 부분을 우묵하게 파내면 떡을 칠 때 반죽이 그 안으로 들어가 흩어지지 않아서 좋아. 중부 지방에서는 떡판을 우묵하게 파지 않고 판판한 채 그대로 쓴대.

떡을 치는 도구는 '떡메' 야. 절구에 절굿공이가 있듯이 떡판에는 이 떡메가 있어야 하지. 떡메 자루는 나무로 만들고, 머리 부분은 나무나 돌로 만들어. 떡메 자루가 머리 가운데에 붙은 것은 중부 지방에서 많이 썼고, 머리 부분이 길쭉한 것은 남부 지방에서 많이 썼지.

떡메로 쳐서 만드는 떡을 '친 떡' 이라고 해. 인절미나 절편, 흰떡, 개피떡, 웃기떡 같은 것이 친 떡이야. 곡식을 낟알 그대로, 또는 가루를 내어 시루에 찐 다음 떡판 위에 올려놓으면 힘 좋은 장정들이 팔을 걷어붙이고 치지. 옆에 앉은 사람은 기름이나 소금물을 뿌려 가며 골고루 잘 칠 수 있게 떡 반죽을 다듬어 줘. 이 일은 떡을 치는 사람과 떡 반죽을 잡아 주는 사람 손발이 잘 맞아야 돼. 그렇지 않으면 떡 치는 사람이 반죽 매만지는 사람 손을 떡메로 내리칠 수도 있거든. 이렇게 여러 번 치면 밥알이 잘 으깨지고 떡 속 공기가 없어져서 떡이 쫀득쫀득해져. 이제 떡가위로 먹기 좋게 잘라서 고물을 입히거나 떡살로 무늬를 넣으면 끝!

아줌마네 외갓집에는 삼촌과 이모가 열 명이나 있어. 이모들 혼인 잔치 음식을 마련할 때면 동네 아저씨들이 떡을 쳐 주셨지. 그 소리가 어찌나 컸던지 쪽마루에 나와 앉아 구경하고 있으면 엉덩이가 들썩거렸어. 옆에서는 동네 아주머니들이 지짐을 부치고 찜을 하시고 마당이 소란스러웠고. 떡 치는 소리와 지짐이 부치는 냄새에 동네 아이들이 몰려오면 인심 좋은 할머니는 모두 한 입씩이라도 먹여 보내셨어.

떡살은 떡 겉면에 도장처럼 찍어서 무늬를 내는 도구야. 나무나 자기, 오지로 만드는데 둥근 것과 네모난 것이 가장 많아. 나무 떡살은 흔히 단단한 박달나무, 은행나무, 참나무, 대추나무 들로 만들어. 동식물 무늬나 복을 바라는 뜻이 담긴 무늬를 새겨 넣은 떡살을 떡 위에 눌러 찍으면 아름다운 무늬가 찍히지. 떡 종류나 절기에 따라 다른 무늬를 쓰기도 했어.

함지박

함지박은 통나무 속을 파내어 만든 나무 그릇이야. 큰 통나무를 오랫동안 물에 담갔다가 말려서 반으로 켠 다음에 속을 파내고 다듬어. 한번 물에 담갔던 것이라 나무가 잘 트지 않아. 생김새가 여러 가지인데, 통나무를 깎아서 만든 둥근 함지박도 있고, 나무 생김새 그대로 파거나 달걀꼴로 만든 것도 있어. 또 테두리에 전이 달린 전함지, 전이 없는 민함지, 귀가 달린 귀함지, 안쪽에 줄을 넣은 줄 함지 들이 있지.

함지를 만드는 데에는 느티나무, 소나무, 단풍나무, 가죽나무, 피나무 들을 많이 써. 함지뿐만 아니라 나무 그릇을 만드는 데에도 쓰지. 나무 말고 종이로도 함지박을 만들어. 오래된 한지를 물에 깨끗이 빨아서 때를 뺀 다음 풀로 반죽해서 나무 함지에 두텁게 바르는 거야. 덧바른 한지가 굳으면 나무 함지를 잘 떼어 내. 그러면 함지 꼴 종이 그릇이 남겠지. 불린 콩을 갈아서 들기름에 섞어 그릇 겉에 발라 주면 종이가 반질반질해지고 물을 먹지 않아. 이것을 '콩댐' 이라고 해.

함지박은 먹을거리를 담거나 버무리고 반죽하는 데 많이 썼어. 나무로 만들어 옹기보다 가볍고 깨질 염려가 없어서 음식을 담아 나를 때에도 많이 썼지. 곡식이나 과일을 넣어 두기도 했고 식구가 많은 집에서는 밥을 담아 두기도 했어.

'해님과 달님' 이라는 옛이야기 알지? 어린 남매만 집에 남겨 놓고 떡 장사를 나간 엄마가 돌아오는 길에 호랑이를 만나잖아. "떡 하나 주면 안 잡아먹지~" 하던 그 무서운 호랑이. 그때 엄마가 떡을 담아 이고 가던 것이 바로 함지박이야. 떡을 담는다고 해서 따로 '떡함지' 라고 하기도 해. 시골 장터에 가면 이 떡함지를 앞에 두고 먹을거리를 파는 할머니들이 계셨어. 그 안에는 술을 넣어 반죽한 술떡, 감자를 갈아 만든 감자떡, 쑥을 캐어 넣은 쑥버무리 들이 담겨 있었지. 손때가 묻어 반질거리고 투박하면서도 묵직한 함지박을 보면 왠지 믿음직스러운 느낌이 들어. 묵묵히 자기 일을 하는 정직한 일꾼처럼 말이야.

전함지

쟁반

음식이나 그릇을 담아 나르는 데 쓰는 판판하고 넓적한 그릇을 쟁반이라고 해. 우리나라에서는 고려 시대에 이미 쟁반을 쓰기 시작했대. 조선 시대에는 궁중 잔치 때 음식을 담은 그릇을 받치고 나르는 데에 쟁반을 썼다는 기록이 있어.

동그란 것이 가장 많고, 길둥근 것, 네모난 것, 팔각형 들의 여러 가지가 있지. 생김새에 따라 '원반', '사각반', '팔각반' 이라고 달리 이르기도 해. 생김새와 크기는 여러 가지이지만, 높이 2센티미터쯤 되는 운두가 꼭 있어. 재료에 따라 놋 쟁반, 은 쟁반, 나무 쟁반 들이 있는데, 나무로 만든 쟁반이 가장 많이 쓰였어. 나무 쟁반에는 흔히 옻칠을 해서 썼지.

잔칫날이나 명절에는 떡이나 과자를 가득 담아내는 데에 쓰고, 술이나 음식 들을 그릇에 담아 가까운 곳에 나르는 데에도 써. 쟁반이 있으면 한 번에 많은 음식을 나를 수 있고 국물 음식이나 뜨거운 음식이 담긴 그릇도 안전하게 옮길 수 있어. 그래서 쟁반은 우리나라 반상기에 꼭 들어가는 그릇이야.

보름달이 휘영청 밝게 뜬 날이면 동무들과 이런 노래를 즐겨 불렀어.

달 달 무슨 달 / 쟁반같이 둥근 달 / 어디 어디 떴나 / 남산 위에 떴지.

'어디 어디 떴나' 부분에서는 얼굴이 동그란 동무 얼굴을 가리키며 '남산' 대신에 그 동무 이름을 넣어 부르곤 했어. 얼굴이 동그란 사람들을 보고 '쟁반 같다', '보름달 같다' 고 말하지. 가만 생각해 보니 얼굴이 동그란 사람치고 성격이 까다롭거나 얄미운 사람이 없는 것 같아. 쟁반에는 무엇이나 담을 수 있지. 자기가 주인공이 되려고 하지 않고 다른 음식이나 그릇을 돋보이게 하고 받쳐 주는 쟁반. 그렇게 품이 넉넉하고 너그러운 사람을 일러 쟁반 같다고 하면 좋겠네.

나무 쟁반

놋 쟁반

가위

가위는 바느질을 하거나 음식을 만들 때 꼭 필요한 도구야. 천을 짜서 쓰기 시작한 신석기 시대부터 가위를 썼을 것으로 짐작하지만, 대체로 쇠붙이로 여러 가지 물건을 만들어 쓰던 삼국 시대부터 흔히 썼으리라 여긴대.

부엌에서 쓰는 가위는 바느질 가위보다 훨씬 크고 손잡이가 둥글어. 날이 무디고 두껍지. 특히 떡을 만들 때 자주 썼지. 떡메로 떡을 치면 떡가위로 먹기 좋게 잘라내어 절편도 만들고 인절미도 만들었어. 북어를 손질하거나 김을 자를 때에도 쓰고 오징어포를 잘라 밑반찬을 만들 때에도 썼어. 떡을 자르는 가위를 '떡가위' 라고 하고 반찬 만들 때 쓰는 가위를 '찬가위' 라고 해.

가위로는 칼로 자를 수 없는 부분을 자르거나 무늬를 넣을 수 있어서 특히 잔치 음식을 만들 때 쓸모 있어. 그 가운데에서도 마른 오징어 몸통이나 문어 다리에 가위질을 해서 손으로 이리저리 꼬면 어느새 오징어는 꽃이 되고 나비가 되고 봉황새가 되고 공작새가 되는 거야. 씨를 발라낸 곶감도 납작하게 눌러 가위로 빙 둘러 잘라서 몇 개를 겹쳐 놓고 손으로 조물조물 만져 주면 금세 소담스러운 꽃송이가 되곤 했는데, 어린 눈에 그것이 얼마나 신기했는지 몰라. 따뜻한 아랫목 이불 속에서 날름날름 받아먹는 그 음식들이 어찌나 꿀맛 같던지.

부엌 가위 말고, 엿장수가 들고 다니는 '엿가위' 도 있어. 예전에는 동네마다 엿장수가 있었어. 손수레에 엿을 싣고는 가위 소리를 내면서 "엿 사세요~" 하고 크게 외치고 다녔지. 엿을 늘려서 타래를 짓고는 커다란 엿가위로 동강동강 잘라 팔았는데, 대충대충 잘라서 크기가 제각각이었어. 아마 여기에서 '엿장수 마음대로' 라는 말이 나온 걸 거야. 엿장수 가위질 소리는 장단이 흥겹고 재밌어서 동네 아이들이 몰려나와 구경을 했어. 인심 후한 엿장수 아저씨는 엿가락이 먹고 싶어 졸졸 따라다니는 아이한테 선뜻 한 동강 잘라 주기도 했지.

떡가위

겨울밤

화로

화로는 숯불을 담아 두는 그릇이야. 아궁이에 불을 때고 남은 참나무나 소나무 숯을 담아 불이 필요한 곳은 어디든지 가져다 두고 편하게 쓰던 살림살이지. 둥글넓적한 그릇에 짧은 다리가 세 개 달렸는데 다리 굽이 높고 아가리에는 넓죽한 전을 둘렀어. 커다란 무쇠 화로부터 가마 안에 넣어 두던 아주 작은 손화로까지 크기가 여러 가지야. 화로는 서민과 양반을 가리지 않고 누구나 다 썼어. 서민들은 질화로나 무쇠 화로를 쓰고 사대부 집안에서는 놋화로나 백동 화로를 썼지. 화로에 금실이나 은실을 박아서 화려하게 만들기도 하고 여러 가지 무늬를 새겨서 꾸미기도 했어.

집 안에서는 흔히 방과 부엌을 옮겨 다니면서 따뜻하게 하는 데에 썼어. 풍로 대신 음식을 데우거나 인두를 달구어 옷감을 다릴 때 쓰기도 했지.

옛날부터 우리나라 사람들은 집 안에 불씨가 있어야 나쁜 기운이 들어오지 않는다고 생각해서 불씨 간직하는 일을 아주 중요하게 여겼대. 살림하는 여인들은 불씨 화로를 따로 두고 은행나무나 목화를 태운 재처럼 불기운이 오래가는 불씨를 담아 꺼지지 않게 지켰어.

화로에 불을 피울 때는 쇠로 만든 부젓가락이 꼭 필요해. '화저' 나 '부저' 라고도 하는데, 불을 집는 젓가락이란 뜻이야. 이 부젓가락을 화로에 꽂아 두었다가 재를 고르거나 불덩이를 집어 옮기는데, 쇠로 만든 작은 삽인 부삽을 함께 쓰기도 해.

막상 불을 피우려고 하면 생각처럼 쉽지만은 않아. 그럴 때 땔감이나 숯을 들어서 옮기고, 재를 헤쳐서 공기가 잘 들어가게 하는 도구가 바로 부젓가락이야.

어린 시절 외갓집에 가면 화롯가에 모여 머리를 맞대고 밤이나 은행 같은 것을 구워 먹었어. 재 속에 파묻어 둔 밤이 다 익으면 부젓가락으로 재를 헤쳐 가면서 얼굴이 재투성이가 되는 것도 모르고 까먹곤 했지. 소록소록 눈 내리는 겨울밤에 할머니는 화로에 석쇠를 얹고 노릇노릇 인절미를 구우며 옛날이야기도 해 주셨어.

부젓가락

곰방대와 장죽

마당극이나 텔레비전 사극을 보면 양반이 "에헴!" 하고 헛기침을 하면서 긴 담뱃대를 물고 담배를 피우는 모습이 자주 나오지? 옛날 어른들은 지금처럼 종이에 가지런히 싼 담배 대신에 담뱃대에 잘게 썬 담뱃잎을 넣고 불을 붙여 피웠어. 담배는 사백 년 전쯤에 우리나라에 처음 들어왔는데, 그 뒤로 담배를 피우는 사람이 점점 늘어나서 이백 년 전에는 집에 손님이 오면 차나 술과 함께 내놓을 정도였대.

긴 담뱃대를 '장죽' 이라고 하고 짧은 담뱃대를 '곰방대' 라고 해. 둘 다 담뱃잎을 넣고 불을 붙이는 곳인 담배통, 입에 물고 연기를 빠는 부분인 물부리, 담배통과 물부리를 이어 주는 설대로 되어 있어. 설대는 흔히 참대나무나 오죽으로 만드는데, 물을 들여 색깔을 낸 나무를 쓰기도 했대. 물부리를 무엇으로 만들었는지 보고 담뱃대를 쓰는 사람 신분을 가늠할 수 있었어. 양반들은 흔히 금, 은, 옥으로 만든 물부리를 쓰고 서민들은 구리, 적동, 놋쇠 같은 쇠붙이로 만든 것을 썼거든.

우리나라에 처음에 들어온 담뱃대는 길이가 짧은 곰방대야. 담배가 널리 퍼지면서 담뱃대 길이도 점점 길어지고 나중에는 길이가 2~3미터에 이르는 것도 나왔대. 물부리를 빨면서 직접 담뱃불을 붙이기가 힘들어서 불을 붙여 주는 하인을 두어야 했지. 일반 백성들은 거추장스러운 장죽을 많이 쓰지 않았어. 가지고 다니기 편하게 설대가 점점 짧아지고 한참 후에는 호주머니에 들어갈 만큼 줄어들었지.

할아버지나 할머니가 옛날이야기를 들려주실 때 흔히 "옛날하고도 옛날, 호랑이가 담배 피우던 시절에……" 로 첫마디를 시작하시지. 왜 하필 담배 피우던 시절일까? 담배가 처음 들어온 옛날에는 담배를 남쪽에서 온 신비한 약초로 여기고 남녀노소 할 것 없이 누구나 다 피웠대. 그러다가 시간이 지나면서 신분, 나이, 성별에 따른 차별이 생겼지. 그래서 사람들은 언제 어디서나 마음 놓고 담배를 피우던 옛 시절을 그리워하면서 옛날이야기를 할 때 담배 이야기로 시작한다는 거야.

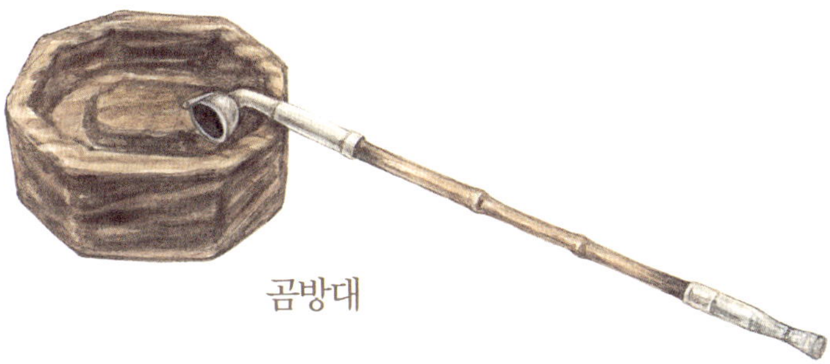

곰방대

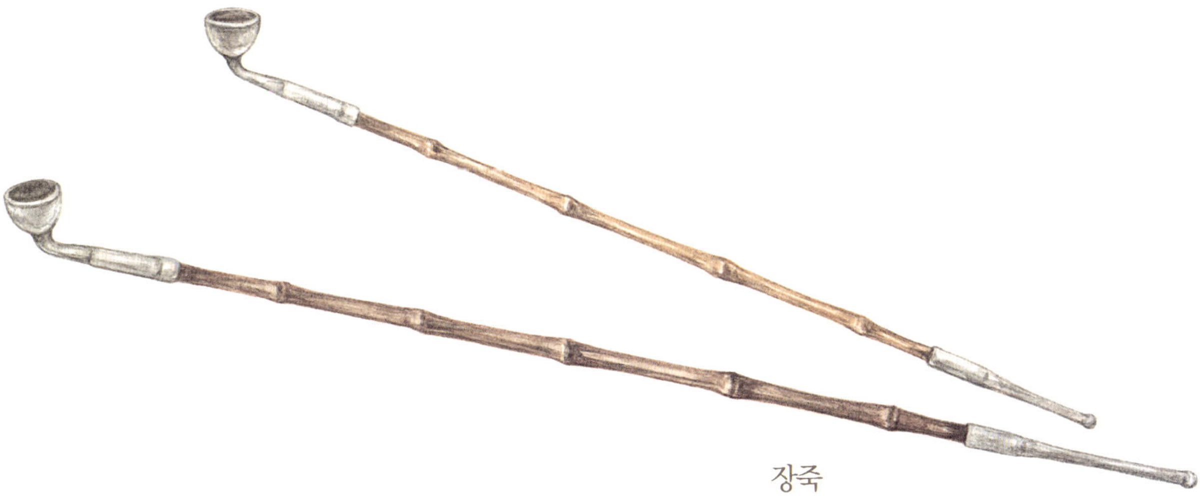

장죽

등잔

등잔은 좁은 뜻으로 기름을 담는 작은 그릇을 뜻해. 크게는 이 그릇과 등잔걸이, 그릇을 올려두는 받침을 한데 묶어 등잔이라고 하지. 솜이나 종이를 가늘고 길게 꼬아서 기름이 담긴 등잔에 넣고 불을 붙이면 기름 먹은 심지가 조금씩 타들어 가면서 불을 밝히는 거야.

전기가 들어오기 전에는 어둠을 밝히려고 기름으로 불을 켰어. 동물성 기름이나 식물성 기름은 불이 세지 않아서 뚜껑이 없는 등잔에도 쓸 수 있지만 석유는 불이 세서 등잔에 두고 쓸 수가 없어. 우리나라에 석유가 들어온 것이 120년 전쯤이니까 이때부터 호롱을 썼다고 보면 되지. 석유로 켠 호롱불은 등잔불보다 밝았어.

아줌마가 어렸을 때에는 반공 연습이라는 것이 있었어. 한 달에 한 번인가 전쟁을 대비해서 온 국민이 대피하는 연습을 했지. 그때는 밤에 불을 전부 꺼야 해. 할머니는 방마다 커튼을 치고 그것도 모자라 담요로 방문을 막아 불빛이 새어 나가지 않게 한 뒤에 호롱불을 켜고 바느질이나 집안일을 하셨어. 할머니는 눈이 침침해서 호롱불을 켜면 바늘귀를 잘 못 꿰셨지. 우리는 얼른 바늘귀에 실을 꿰어 드리고 할머니께 옛날이야기를 해 달라고 졸랐어. 할머니 옛날이야기도 호롱불을 켜 놓고 들으면 더 재미있거든. 무서운 귀신 얘기는 더 무섭고, 흥겨운 얘기는 더 흥이 났으니까. 할머니 이야기에 빠져 있노라면 어느새 반공 연습이 끝나. 그때쯤이면 할머니는 식구들 속옷이나 양말을 모두 기워 놓으셨지.

예전부터 어둠을 밝히던 기구를 살펴볼까? 옛날 중국에서 차윤이라는 사람은 기름을 살 돈이 없어서 반딧불이를 잡아 주머니에 담고 그 빛으로 책을 읽었다는 이야기가 있어. 횃불은 밤길을 밝히는 데 썼고. 그다음에 촛불, 등잔불, 호롱불이 나왔어. 120년 전 우리나라에 전기가 들어오고 60년 전부터 전깃불이 널리 쓰이면서 호롱불은 점점 사라지게 되었지.

호롱은 불을 켜는 데 쓰는 도구야. 등잔과 달리 가운데가 오목하게 들어가 있고 뚜껑이 있지. 몸통에는 석유를 붓는 꼭지가 있어서 한지나 면으로 심지를 만들어 꼭지 구멍에 넣고 불을 붙였어.

요강

요강은 방 안에서 볼일을 보는 실내용 변기야. 작은 단지나 배부른 항아리 꼴에 뚜껑을 덮었지. 흔히 놋쇠나 사기로 만드는데, 더러 나무를 깎아 만들어서 옻칠을 한 것도 있어.

예전에는 변소가 집 안에 있지 않고 집에서 좀 떨어진 뒤란에 있어서 밤에는 요강을 방 안에 들여 놓고 볼일을 봤어. 변소가 집 안으로 들어오기 전인 삼사십 년 전까지만 해도 집집마다 두고 썼어. 양반이나 서민이나 할 것 없이 두루 썼고, 여자가 혼인할 때 빠뜨리지 않는 혼수품일 만큼 중요한 물건이었지. 시집가는 새색시 가마 안에도 요강을 넣어 두었대. 아직도 시골에서는 요강을 더러 써. 캄캄한 밤에 변소 가기 무서워하는 아이나 몸이 불편한 어른들이 쓰기에 알맞거든.

요강에 얽힌 재미난 이야기가 많아. 아줌마네 아버지가 어릴 적 이야기를 해 줄게. 서너 살쯤 됐을까? 대청마루에서 혼자 놀다가 심심해서 닦아 놓은 요강을 가지고 놀았대. 그러다가 그만 머리에 훌렁 뒤집어쓴 거야. 그런데 쓸 때는 쑥 들어가던 것이 아무리 벗으려고 해도 안 빠지는 거야. 아이는 울고불고 야단이 났고 할머니와 고모는 요강을 빼려고 안간힘을 썼지. 망치로 요강을 부수려니 아이가 다치겠고, 그냥 잡아당겨서는 안 빠지고, 아이는 울다 지쳐 기진맥진하고……. 어찌어찌하여 겨우 요강을 머리에서 빼냈는데, 아이 얼굴이 퉁퉁 불었더래. 그 이야기를 하면서 할머니도 아버지도 배꼽을 잡고 웃곤 하셨어.

우리나라에 온 외국인들은 동그란 요강이 예쁘다며 하나씩 사 가기도 한대. 어디에 쓰는 물건인지도 모르고 말이야. 잘 닦아서 집을 꾸미는 데 쓰거나 사탕을 넣어 두는 그릇으로도 쓴다지 뭐야. 옛날 어른들이 본다면 까무러칠 노릇이지. 그렇지만 꽃이 그려진 사기요강은 정말 예쁘장해. 아줌마한테도 할머니가 쓰시던 청자색 요강이 하나 있는데, 깨끗이 닦아서 꽃꽂이를 해 볼까 해.

사기요강

오지 요강

약달이기

예전에 몸이 아프면 병원부터 찾지 않고 집에서 할 수 있는 간단한 치료를 했어. 집집마다 가벼운 증세를 치료하는 약을 마련해 두고 있었거든. 기침이 날 때는 도라지와 생강을 달여 먹거나 은행을 먹었어. 가벼운 감기에는 차조기 잎이나 박하 잎을, 몸살이 나면 칡뿌리나 모과를 달여 먹었지. 소화가 안 되거나 체하면 엿기름물을 마시고 기운이 없을 때는 인삼이나 당귀, 천궁을 먹었다고 해.

약을 만들거나 쓰는 데 필요한 도구는 보통 살림살이와 달리 금, 은, 옥 같은 귀금속이나 오동나무, 대나무, 상아 같이 값비싼 재료로 만들었어. 은, 사기, 조개껍질은 독이 닿으면 빛깔이 달라져서 약 기구를 만드는 데 널리 쓰였지.

약 기구는 종류가 여러 가지야. 약초를 캘 때 쓰는 약 호미와 약 삽이 있어. 약으로 쓸 재료를 갈거나 빻는 데에는 약연을 쓰고 달이거나 끓이려면 약탕기가 있어야지. 또 약을 따라 마시는 약그릇과 온갖 약재를 넣어 두는 약장도 있어.

그럼 약을 달여 볼까? 먼저 약작두로 약재를 알맞게 썰어야지. 약작두는 약초나 뿌리, 나뭇가지 같은 약재를 썰 때 쓰는데, 흔히 풀이나 짚 같은 것을 써는 작두보다 크기가 작아. 가래떡을 써는 떡 칼만 할걸.

약재를 잘게 갈 때는 **약연**을 써. 길쭉하고 네모진 몸통에 V자 꼴 홈이 움푹 팼지. 그 홈에 약재를 넣고 바퀴처럼 생긴 연알을 앞뒤로 굴리면서 가는 거야. 연알은 둥글납작하고 가운데 구멍이 뚫렸어. 그 구멍에 긴 막대를 끼워서 막대를 잡고 굴리지. 약연은 흔히 나무나 무쇠, 돌로 만드는데, 사기나 오지로 만든 것도 있어. 약국에 가면 사발처럼 생긴 작은 사기그릇이 있지. '막자사발' 이라고 하는데, 알약을 잘 못 삼키는 어린아이 약을 지을 때 막대기로 곱게 갈아서 가루를 내는 도구야.

약재를 빻는 **약절구**는 보통 절구보다 훨씬 작아. 나무나 돌, 자기로 만드는

약연

약절구

데, 절굿공이도 절구와 같은 재료로 허리가 잘록 들어가게 만들지. 닥나무 껍질로 만든 종이에 기름을 먹여서 만든 절구도 있고, 위아래에 홈을 파서 각각 다른 약재를 빻는 절구도 있고, 빻을 때 약재가 튀지 않게 뚜껑을 덮을 수 있는 절구도 있어.

갈거나 빻은 약재는 **약탕기**에 넣고 달여. 약탕기는 속이 깊고 바닥이 아가리보다 넓어. 또 손잡이가 뒤로 뻗어 있고 뚜껑이 달려 있기도 하지. 흔히 곱돌이나 오지로 만들지만 놋쇠나 무쇠로 만든 것도 있어. 곱돌은 오래 끓여도 잘 타지 않아 약을 달이기에 좋아. 약탕기 가운데 약을 따르는 귀때가 있는 것은 따로 '약탕관' 이라고도 해. '약두구리', '약 솥', '자루솥' 도 약탕기와 쓰임새가 비슷한 기구야. 약을 달일 때에는 뭉근한 불에 올려놓고 천천히 달여야 해. 너무 센 불로 달이면 약효가 떨어지거든.

다 달였으면 이제 약을 짤 차례야. 양이 적을 때에는 삼베로 만든 약수건에 싸서 비틀어 짜기도 하지만, 양이 많을 때에는 **약틀**에 넣고 짜야 해. 약틀은 통나무를 네모나게 잘라서 위를 판판하게 다듬고 둥근 홈을 깊게 판 나무틀이야. 달인 약재를 약수건으로 싸거나 삼베 주머니에 넣어 홈에 끼우고 홈 뚜껑을 덮어 옆에 달린 나무 막대로 힘껏 누르면 홈 바닥에 뚫린 작은 구멍으로 약물이 떨어지지. 그 구멍 밑에 약사발을 받쳐서 약물을 받는 거야.

집안에 아픈 사람이 있으면 말소리를 줄이고 조용조용 걸었어. 아이들은 마당에서 떠들고 노는 것도 참아야 했고. 할머니는 숯불을 피우고 하루 종일 정성을 다해 한약을 달이셨어. 약탕기에 약재와 물을 부은 다음 한지로 아가리를 막고 살살 부채질을 하면서 중얼중얼 쉬지 않고 기도를 하셨지. 집 안 가득 밴 한약 냄새. 식구들은 걱정 섞인 목소리로 두런두런. 한동안 그렇게 엄숙한 분위기가 감돌아. 그래도 할머니가 밤새워 정성껏 달인 약을 며칠만 먹으면 곧 자리를 털고 일어났어.

약탕기

약틀

찾아보기

나무로 만든 것

곰박 119

나무바가지 88

기름틀 58

국수틀 116

두부 틀 202

도마 44

밀판, 밀방망이 114

나무 쟁반 212

홉 148

되 148

말 148

살강 100

이남박 32

체 22

뒤주 170

메주 틀 200

누룩 틀 162

술통 164

떡판, 떡메 208

다식판 156

전함지 210

나주반 160

해주반 160

찬합 72

약과판 158

등잔 222

나무절구 198

약틀 228

약연 226

두레박 86

물지게 96

찬탁 102

풀이나 대로 만든 것

도시락 70
도시락 주머니 70
동고리 68
멱둥구미 144
바구니 146
채반 172
누룩 고리 162
광주리 66
조리 34
소쿠리 20
다래끼 64
망태기 174
주루막 174
용수 164
시룻밑 206
똬리 90
돗자리 130
싸리비 30
장목비 30
죽부인 132

쇠붙이로 만든 것

놋 쟁반 212

주전자 42

바리 104

양푼 46

합 104

신선로 108

자물쇠 170

떡가위 214

수저 36

석쇠 128

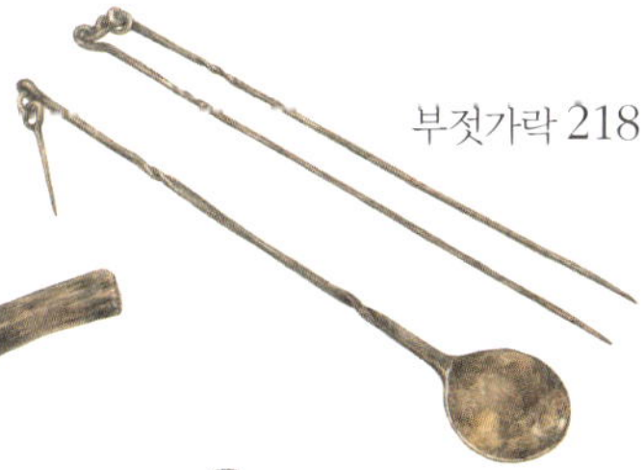

부젓가락 218

화로 218

칼 44

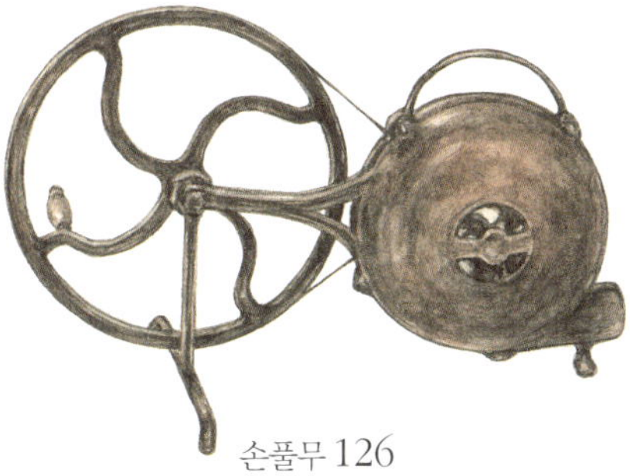

손풀무 126

가마솥 24

흙으로 빚은 것

대접 104

보시기 106

뚝배기 50

막사발 106

푼주 48

술병 166

단지 52

시루 206

앵병 194

물두멍 94

물동이 90

방구리 92

약탕기 228

소줏고리 164

술독 162

술춘 164

소래기 192

옹배기 190

자배기 192

자라병 62

젓갈 항아리 188

오지 확 120

양념 단지 52

초 단지 54

초병 54

잡유병 56

오지병 56

사기병 56

호롱 222

사기요강 224

오지 요강 224

풍로 122

불씨 항아리 124

장독 18

화덕 122

여러 가지 재료로 만든 것

저울 150

곰방대 220

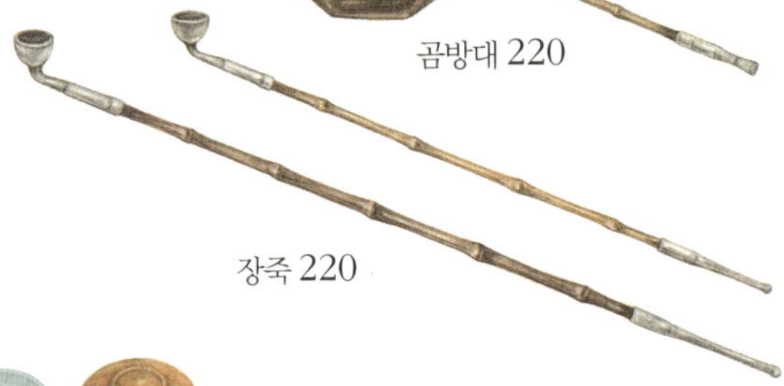
장죽 220

술잔 166

종지 106

접시 106

수저통 36

국자 118

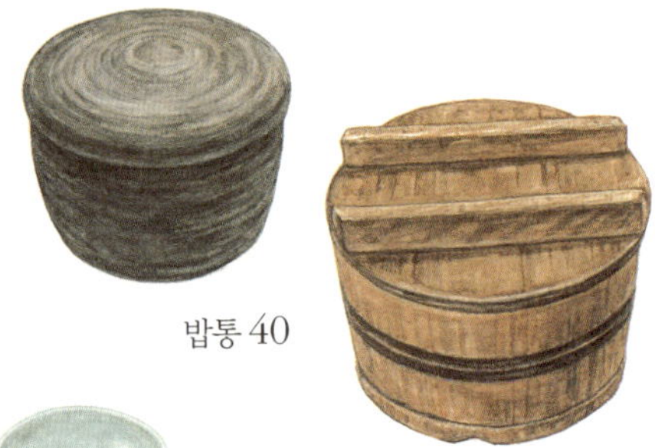
밥통 40

떡살 208

주발 104

냄비 50

주걱 38

* 여러 가지 재료로 만들어 쓰거나 여러 가지 재료를 섞어 만든 살림살이를 모았습니다.

돌로 만든 것

곱돌솥 24

돌절구 198

돌확 120

맷돌 154

약절구 226

열매로 만든 것

박 바가지 88

뒤웅박 176

표주박 26

수세미 110

천으로 만든 것

보자기 74

상보 74

참고한 책

《고려시대 질그릇》(연세대학교 박물관, 1991, 연세대학교 박물관)

《국립경주박물관》(국립경주박물관, 1984, 통천문화사)

《나무로 빚은 예술 나무 공예》(손영학, 2004, 나무숲)

《농업박물관》(김재균 외, 2005, 농협중앙회 농업박물관)

《두산세계대백과사전》(두산동아 편집부, 2002, 두산동아)

《민족생활어사전》(이훈종, 1992, 한길사)

《소반》(이화여자대학교 박물관, 1982, 이화여자대학교 출판부)

《온양민속박물관》(온양민속박물관, 1979, 온양민속박물관)

《옹기》(정양모 외, 1991, 대원사)

《우리가 정말 알아야 할 우리 짚풀문화》(인병선, 1995, 현암사)

《우리말조리어사전》(유숙경, 1996, 신광출판사)

《우리의 부엌살림》(윤숙자 외, 1997, 삶과 꿈)

《유기》(홍정실, 1989, 대원사)

《유기장》(김종태, 1982, 문화재관리국)

《재미나는 우리말 도사리》(장승욱, 2001, 하늘연못)

《전통 목가구》(김삼대자, 1994, 대원사)

《전통 문양》(허균, 1995, 대원사)

《전통부엌과 우리살림》(윤숙자, 2002, 질시루)

《전통살림의 지혜 자연과학의 역사》(정인수, 2005, 문예마당)

《조선상식》(최남선, 1948, 동명사)

《조선시대 질그릇》(연세대학교 박물관, 1993, 연세대학교 박물관)

《짚 · 풀로 엮은 바구니》(인병선, 1996, 짚풀생활사박물관)

《짚문화》(인병선, 1989, 대원사)

《짚풀생활사박물관》(인병선, 2007, 스콜김영사)

《팔도 음식》(한복진, 1989, 대원사)

《풀문화》(인병선, 1991, 대원사)

《풀코스 짚문화 여행》(인병선, 2000, 현암사)
《한국민속대관》(고려대학교 민족문화연구소, 1980, 고대민족문화연구소 출판부)
《한국민속대사전》(한국민속사전 편찬위원회, 1991, 민족문화사)
《한국민족문화대백과사전》(한국민족문화대백과사전 편찬부, 1991, 한국정신문화연구원)
《한국식생활 풍속》(강인희 외, 1984, 삼영사)
《한국음식》(염초애 외, 1992, 효일문화사)
《한국음식》(윤서석, 1985, 수학사)
《한국의 목공예》(이종석, 1986, 열화당)
《한국의 부엌》(김광언, 1997, 대원사)
《한국의 살림집》(신영훈, 1983, 열화당)
《한국의 상차림》(강인희 외, 1999, 효일문화사)
《한국의 시절음식》(윤숙자, 2000, 지구문화사)
《한국의 음식용어》(윤서석, 1990, 민음사)
《한국의 저장 발효음식》(윤숙자, 2003, 신광출판사)
《한국의 전통음식》(김경애, 2004, 전남대학교 출판부)
《한국의 주거민속지》(김광언, 1988, 민음사)
《한국의 특수 박물관》(이요섭, 1994, 세시)

참고한 인터넷 사이트

국립민속박물관 http://www.nfm.go.kr/
금오민속박물관 http://www.geumofm.net/
농업박물관 http://www.agrimuseum.or.kr/
온양민속박물관 http://www.onyangmuseum.or.kr/
짚풀생활사박물관 http://www.zipul.co.kr/

작가 소개

글 윤혜신

1965년 서울에서 태어났습니다. 대학교에서 신학을 공부했습니다. 어릴 적 방학마다 놀러 간 외가에서 외할머니 시골 살림을 보고 자라 옛 살림살이에 애정이 많습니다. 혼인하여 솜씨 좋은 시어머니께 요리와 살림살이를 배워 1999년부터 요리를 가르치고 있습니다. 2001년에 프랑스 파리에서 한국 전통 음식을 알리는 행사에 참가하여 우리 전통 요리를 선보였습니다. 몇 해 전까지 서울에서 살다가 사람들한테 좋은 먹을거리로 맛있는 음식을 만들어 주고 싶어 시골에 와서 밥집을 차렸습니다. 자연과 더불어 느리게 사는 시골살이를 즐기며 꽃과 나무를 가꾸고 제철 음식을 만들고 장을 담그고 밥을 짓고 있습니다.

세밀화 김근희

1959년 서울에서 태어났습니다. 어린 시절 책 읽기를 무척 좋아해서 이야기 속에 파묻혀 지내고는 했어요. 자라면서는 그림도 많이 그리고, 바느질도 즐겨 했지요. 서울대학교 서양화과를 졸업한 뒤, 미국으로 건너가 뉴욕에 있는 스쿨 오브 비주얼 아트(School of Visual Arts) 대학원에서 공부했습니다. 잊혀 가는 옛것과 소박한 일상을 그림으로 그리고 글로도 남기는 작업을 하고 있습니다. 어린이 책《바람 따라 꽃잎 따라》를 지었고,《냠냠꿀떡》《아주 특별한 선물》《폭죽소리》 같은 책에 그림을 그렸습니다.

펼친그림 이담

1959년 서울에서 태어났습니다. 어린 시절 이사를 자주 다녔는데, 새집으로 이사 갈 때마다 새 도화지를 잔뜩 선물 받은 기분이었습니다. 그 덕분에 이사를 나갈 때마다 도배를 새로 해 주어야 했지만, 그래도 벽에 그림 그리며 노는 일보다 좋은 놀이는 없었습니다. 늘 말로 설명하는 것보다 그림으로 보여 주면서 사람들한테 뜻을 전하는 것이 더 쉬웠습니다. 서울대학교 서양화과를 졸업한 뒤, 미국으로 건너가 뉴욕에 있는 스쿨 오브 비주얼 아트(School of Visual Arts) 대학원에서 공부했습니다.《폭죽 소리》《곰이와 오푼돌이 아저씨》《엄마의 고향을 찾아서》《새미 리》 같은 어린이 책에 그림을 그렸습니다.